교육이 없는 나라

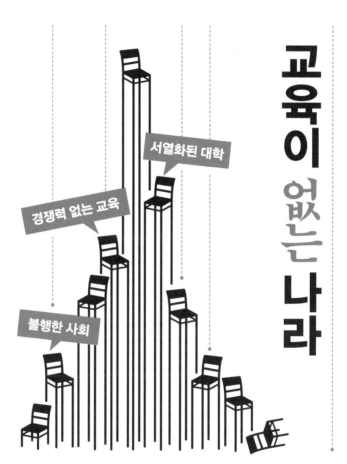

서열화된 대학

경쟁력 없는 교육

불행한 사회

교육이 없는 나라

이승섭 지음

- 일러두기

  사진 중에 초상권 승인을 받지 못한 사진은 추후 절차를 밟겠습니다.

우리 교육 제도는 과거에 머물러 있으며,
더 이상 존재하지 않는 세계에 맞추어 아이들을 가르치고 있다.

- 테드 딘터스미스 Ted Dintersmith

차례

  필자가 4년간의 KAIST 입학처장 업무를 마치고 일상의 교수로 돌아가 연구와 강의를 준비하고 있던 2017년 초 시민 단체 '사교육걱정없는세상'으로부터 강연 요청을 받았다. 사교육걱정없는세상은 필자가 입학처장을 시작하면서 연을 맺었는데, KAIST가 어떻게 하면 사교육 문제 해결에 보탬이 될 수 있을지 자문을 구하러 찾아간 것이 첫 인연이었다.

  강연 주제는 '4차 산업혁명과 우리 교육'이었으나, 해당 주제에 부정적인 입장이라는 필자의 답변에, "우리 교육에 대해서 하고 싶은 말씀을 마음껏 하시라"는 회신을 받고 강연 제목으로 잡은 것이 '교육이 없는 나라'이다. 그 강연을 시작으로 중고등학교 선생님들과 학부모

행사 등에 초청을 받으면서 강연 내용이 다듬어지고 차츰 우리 교육의 현실과 대안 제시 등이 조금씩 더해졌다.

그러던 2019년 가을 인터넷 매거진 《톱클래스》로부터 교육과 입시에 대한 칼럼 요청을 받았다. 예상치 못했던 요청과 괜스레 부담스러운 일에 말려들 것 같아 정중히 거절 의사를 밝혔지만, 전화를 끊고 곰곰이 생각해보니 오히려 글을 쓸 수밖에 없는 상황을 만들면 억지로라도 글을 쓰게 되지 않을까 하는 객기가 생겼다.

그렇게 2019년 12월에 시작한 칼럼 '교육이 없는 나라'를 2020년 12월까지 1년에 걸쳐 25편의 칼럼을 쓰고 본격적으로 대학 제도에 대한 개선안을 구상할 때쯤 덜컥 교학 부총장 임명을 받았다. 자칫 필자 개인의 사사로운 생각들이 KAIST 부총장 이름으로 나가게 되면 문제가 생길 듯 싶어 칼럼을 중도에서 그만두었는데, 또다시 2년여의 시간이 흘러 부총장 직을 내려놓고 다시금 평교수 신분으로 돌아오게 되었다. 그리고 그 사이 틈틈이 써 놓았던 내용들을 추가해 이렇게 책으로 낸다고 생각하니 오랫동안 묵혀 두었던 숙제를 마침내 끝냈다는 안도감이 든다.

하지만 강연이나 칼럼과는 달리 막상 책이 나온다고 하니 필자 스스로 '과연 책을 쓸 자격이 있을까?', '이런 내용을 책으로 내도 될까?' 하는 걱정과 함께 조심스러운 마음이 드는 것 또한 사실이다.

필자는 교육학을 전공하지도 않았고 교육 전문가도 아니다. 다만, 학창 시절 공부를 열심히 했던 학생, 우리 사회에서 두 아이들을 교육

시킨 학부모, 대학교수, 그리고 어쩌다 대학에서 학생처장과 입학처장을 맡으면서 다른 사람들보다 다양한 입장에서 우리나라의 교육과 입시 제도를 경험하고 관찰할 수 있었을 뿐이다. 그리고 그 과정 속에서 경험하고 느꼈던 많은 문제점들을 통해 갖게 된 문제의식, 어쭙잖은 사명감, 무모함, 그리고 안타까움과 간절함이 필자로 하여금 이렇게 책을 내게 하는 것 같다.

한편으로는 어떠한 작은 시도나 변화도 우리나라의 현 교육 제도와 대학 입시를 더 나쁘게 만들 수 없다는 확신과 믿음, 그리고 책이 출간된 후에 필자의 생각과 제안들에 대해서 많은 비판과 지적들이 더해지면 조금씩 더 좋은 방안들로 발전되지 않을까 하는 막연하지만 간절한 희망과 기대가 있을 뿐이다.

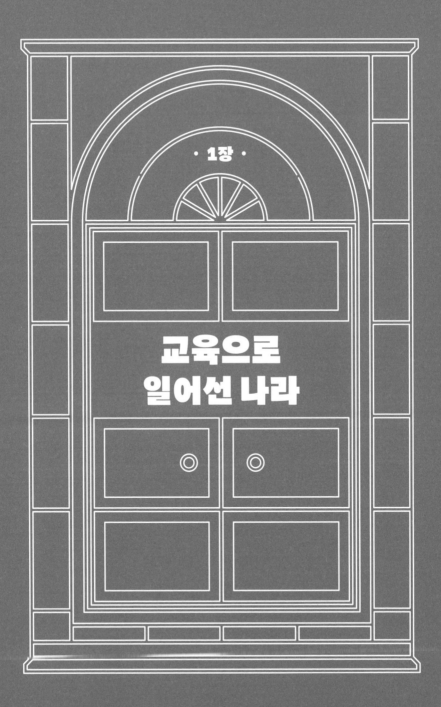

· 1장 ·

교육으로
일어선 나라

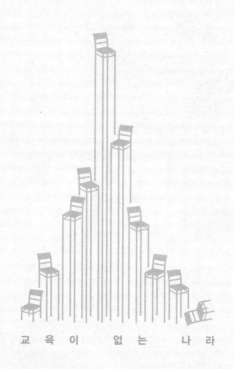

교육이 없는 나라

교육으로 일어선 나라

용을 잡고 싶은 아이

옛날 어느 마을에 아주 총명한 아이가 살고 있었다. 아이는 어릴 적부터 예사롭지 않은 총명함으로 마을 어른들의 사랑과 기대를 듬뿍 받고 자랐는데, 어른들은 아이를 볼 때마다 나중에 크게 성공해 고향을 빛낼 것이라 이야기하곤 했다. 아이의 꿈은 '용을 잡는 것'이었는데, 용을 잡겠다는 아이의 꿈은 마을 사람들을 더욱 놀라게 했다. 아직까지 그 마을에는 용을 본 사람조차 없었기 때문이었다.

어느덧 소년이 된 아이가 용 잡는 방법을 가르쳐 줄 스승을 찾아 고향을 떠나던 날, 마을 사람들은 마을 어귀까지 배웅하며 소년의 성공을 한 목소리로 기원했다. 하지만, 막상 고향을 떠난 소년이 용 잡는 방법을 가르쳐 줄 스승을 찾는 일은 쉽지 않았다. 전국 각지를 다니면서 훌륭하다는 많은 스승들을 만나보았지만 막상 용 잡는 방법을 알고 있는 스승은 없었다.

　스승을 찾아 세월을 보내던 어느 날 소년은 저 깊은 산 속에 용 잡는 방법을 가르쳐 줄 스승이 있다는 이야기를 듣게 되었다. 들뜬 마음으로 산 넘고 강 건너 천신만고 끝에 스승을 찾은 소년은 제자로 삼아달라며 스승 앞에 무릎을 꿇었다. 스승은 "10년의 고된 수련 기간을 견뎌낼 수 있겠느냐?"며 소년에게 다짐의 다짐을 받았고 소년은 마침내 스승의 제자가 되었다. 수련 기간은 고되고 힘들었지만 소년은 항상 기쁜 마음으로 수련에 열중했다. 하루하루 스승에게 배우는 용 잡는 방법은 신기하고 때로는 경이롭기까지 했는데 소년의 총명함으로 인해 수련의 경지는 더욱 높아갔다.

　10년의 수련 기간이 끝나고 어느덧 청년이 된 소년은 정든 스승 앞에 다시 무릎을 꿇고 하직 인사를 한 뒤 산에서 내려오면서 큰 소리로 외쳤다. "모든 준비는 끝났다. 자 이제, 용을 잡으러 가자!" 산에서 내려온 청년은 산과 들을 다니면서 용이 숨어있는 곳을 찾아 헤맸다. 용의 전설이 내려오는 마을들은 샅샅이 뒤졌고 바다 건너 이웃나라까지 용의 흔적을 찾아 먼 여행을 떠나기도 했다. 그러는 동안 세월은 또다시 빠르게 흘러 10년의 시간이 지나갔다. 그리고 어느덧 서른을 훌쩍 넘기게 된 청년은 어느 날 깨달았다. 세상에는 용이 존재하지 않는다는 사실을.

이 이야기는《위대한 멈춤》의 저자인 KAIST 동문 박승오 작가가 필자에게 들려준 것이다. 이야기를 마치면서 박 작가는 필자에게 "그 청년이 어떻게 되었을 것 같나요?", "교수님이 그 청년이라면 어떻게 하시겠어요?"라며 질문을 던졌다. 질문을 받은 필자는 가슴이 먹먹해졌다. 청년이 보낸 오랜 시간들이 영화 속 장면처럼 머리를 스치고 지나갔다. 답답하고 안쓰럽고 한편으로 억울하다는 생각이 들었다. 큰 실망을 안고 고개를 숙이고 고향으로 돌아갈 것 같다는 필자의 답변에 박 작가는 "그 청년은 산 속으로 들어가 용 잡는 방법을 가르치는 스승이 되었습니다"라고 했다.

필자는 뒤통수를 세게 한 대 맞은 느낌이었다. 결말이 너무 뜻밖이라는 생각과 함께 박 작가가 필자에게 이 이야기를 해준 이유를 조금은 알 것 같았다. 필자가 학생을 가르치는 선생, 스승이기 때문이었다. 집으로 돌아오는 길에 곰곰이 이야기를 되씹어 보면서 '필자가 가르치고 있는 것들도 용 잡는 방법은 아닐까?' 하는 생각이 가장 먼저 들었다. 하지만, 필자의 전공과 강의 내용들이 산업 현장에서 나름 유용성이 있고 졸업생들이 사회에 나가 다양한 기여를 하고 있는 모습을 떠올리면서 조금은 마음을 쓸어내릴 수 있었다.

그리고는 여러 가지 생각들이 꼬리를 물면서 필자의 머리를 스쳐 지나갔다. '청년의 스승은 용이 없다는 사실을 알고 있었을까?' '혹시 용은 있는데 아직 못 찾은 것이라 생각하고 있지는 않았을까?' 생각을 거듭할수록 청년의 선택이 현실적인 의미에서 최선의 것임을 차츰 깨

닳게 되었고, 자신의 꿈 혹은 삶의 의미는 제쳐 두고 먹고 사는 문제만을 생각하면 필자도 필시 그런 선택을 했을 것 같았다.

10년 동안 고생하며 배운 것은 용 잡는 방법 밖에 없는 청년은 용 잡는 방법을 가르치면서 살아가는 것이 가장 쉽고 경제적으로 이득이 남는 길이다. 어쩌면 필자는 산에서 내려와 큰 도시에 용 잡는 방법을 가르치는 학교를 세우고 비싼 학비를 받으며 수많은 학생들을 가르칠 것 같기도 했다. 필자의 제자들도 다른 도시들로 퍼져 나가 새로운 학교들을 세우게 되면 필자는 더 많은 존경과 사회적 명성을 얻을 수 있으리란 생각도 들었다. 세월이 흘러 그 나라에는 용 잡는 방법을 아는 사람들로 넘쳐날 것이고, 남보다 더 많은 비법을 아는 사람은 자신만의 비법들을 전수해가면서 먹고 사는 커다란 공동체가 형성될 것이다.

필자가 이 이야기를 장황하게 풀어놓는 이유는 '우리 사회가 바로 용 잡는 방법을 가르치는 사회가 아닐까?' 하는 생각에서 비롯된다. 필자가 강연에 나가 어른들에게 던지는 질문 중 하나는 "사회에 나가 인수 분해와 미적분 문제를 풀어본 적이 있나요?"이다. 물론 손을 드는 어른은 없다. 우리는 어쩌면 평생 한 번도 써먹지 못할 내용들을 배우고 익히기 위해서 귀중한 시간을 낭비하고 있는 게 아닐까? 더구나 그 고된 과정 속에서 불필요하게 고민하고 때로는 쓸데없이 좌절하면서 정작 학교에서 배워야 할 더 중요하고 필요한 것들은 미처 배우지 못하고 있는 것 같다.

공대 교수인 필자가 인수 분해와 미적분이 필요 없다는 논지로 이러한 질문을 하는 것은 결코 아니다. 다만, 중고등학생 시절에 정확한 개념을 익힌다거나 배움의 즐거움을 느끼지 못하고, 쓸데없이 어렵고 많은 문제들을 풀고 있는 상황을 이야기하는 것이다. 수학만큼 아름다운 학문도 없고 수학의 중요성은 앞으로 더욱더 커질 것이 명백하지만, 잘못된 교육 제도로 인해 우리 사회는 오히려 학교에서 '수포자(수학을 포기한 사람)' 혹은 수학을 싫어하는 사람들을 양산하고 있는 것도 사실이다.

불필요하고 어려운 용 잡는 방법을 가르치고 배우다 배움을 일찍 포기하게 만들고, 일상생활에 꼭 필요한 소 잡는 방법과 닭 잡는 방법은 막상 가르치지도 배우지도 못하는 것 또한 우리 교육의 한 단면이다. 많은 사람들이 용 잡는 방법을 가르치고 배우고, 언젠가는 용을 만날 수 있을 것이란 기대 속에서 한평생 살아가는 우리 사회에서 어쩌면 총명한 아이들이 더 억울한 삶을 살아가는 것은 아닌가 싶다.

과거 우리 사회는 용 잡는 방법이 언젠가는 혹은 누군가는 유용하게 써먹을 것이란 기대 속에서 많은 노력을 기울였고, 용의 존재 여부와 무관하게 용 잡는 방법 자체만으로도 큰 의미가 있었던 시절도 있었다. 하지만 세월이 흘러 사회가 발전하고 대학 교육이 자리잡은 오늘날까지 우리 사회가 여전히 용이 있다고 믿고 아이들에게 오히려 더 어렵고 더 많은 용 잡는 방법들을 가르치고 있는 것은 아닌지 질문하게 된다.

안타까운 우리의 교육 현실

우리나라의 교육열은 세계 최고라고 한다. 부모들은 모든 것을 희생하면서 자녀 교육에 최선을 다하고, 아이들의 학습량은 세계적으로 손꼽히며 학업 성취도는 항상 세계 최상위권을 차지한다. 지난 세월 우리나라가 이룩한 경제 기적의 가장 큰 원동력이 이러한 높은 교육열에 기인하는 것은 결코 부정할 수 없는 사실이나, 오늘날 우리 사회는 우리나라의 교육과 입시 제도 그리고 학교에 대한 불만으로 가득하다.

아이들은 학창 시절에 전혀 행복하지 않고 제대로 교육받고 있지 못하며 학업에 대한 흥미와 만족도는 항상 세계 최하위 수준이다. 정상적인 공교육과 가정 교육의 상실에 대한 우려는 갈수록 높아가고 가정 경제는 엄청난 사교육비에 짓눌려 있다.

심지어 혹자는 우리나라의 낮은 출산율에 대한 원인 중 하나로 과도한 사교육비를 거론하기도 하는데,《블룸버그》는 한국이 세계 최저 출산율* 국가가 된 가장 큰 원인으로 'Hagwons, 학원', 즉 사교육을 꼽았다.** 비교 대상인 13개 국가들 가운데에서 우리나라의 사교육

- 합계 출산율(가임 여성 일인당 출산율)이 1.3명 미만인 경우 초저출산 국가로 분류되는데, 우리나라 합계 출산율은 2012년 1.3명에서 계속 낮아져 2022년 0.78명으로 세계에서 가장 낮다. ref. 통계청 '인구 동향 조사 2022년'
- •• 《블룸버그》, 'Burden of Raising Kids Drives Korean Fertility to World's Lowest', 2022년 9월 14일

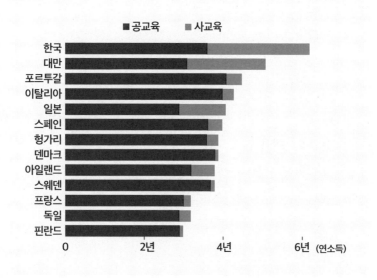

■ 공교육   ■ 사교육

한국
대만
포르투갈
이탈리아
일본
스페인
헝가리
덴마크
아일랜드
스웨덴
프랑스
독일
핀란드

0   2년   4년   6년 (연소득)

국가별 교육비 비교(자녀 1명을 24세까지 교육하는 데 지출하는 비용)

출처: Setsuya Fukuda, National Institute of Population and Social Security Research, 2022
(《블룸버그》 2022년 9월 14일 재인용)

비용과 비중이 월등히 가장 높다.

　이러한 모든 현실에서 우리 사회는 교육 당국에 그 탓을 돌리고 교육 당국은 다시 대학 입시 탓으로 공을 넘기곤 하는데, 대학 입시만을 목표로 전력 질주하는 우리 사회에서 대학은 정작 어떤 학생들을 원하고 중고등학교에서 어떤 교육이 이루어지기를 바랄까?

　1970년대 필자의 중고등학생 시절 어른들은 우리나라는 땅덩어리가 작고 천연자원이 부족해 인적자원이 중요하다며 학생들이 공부를 열심히 해야 한다고 하셨다. 우리는 열심히 수학 참고서를 풀었고 영어 참고서를 외웠다.

어느 날 우연히 접한 미국 수학 교과서의 낮은 수준을 보면서 우리가 열심히 공부하면 언젠가 미국을 쫓아갈 수 있겠다는 작은 자만심을 갖기도 했다. 수학 참고서에서 배운 내용이 대학에 가면 큰 도움이 될 것이란 기대와 함께 영어 참고서를 열심히 공부하면 나중에 영어를 잘하리라는 믿음도 있었다. 하지만 막상 대학에 들어가 보니 수학 참고서는 고등학생 과외를 하는 데 외에는 별다른 쓸모가 없었고, 대학 졸업 후 유학 간 미국에서 영어 회화 한마디 제대로 못하는 필자 자신을 보면서 스스로 움츠렸던 기억도 있다.

그곳에서 필자는 미국 대학의 높은 학문 수준과 엄청난 학구열을 지켜보게 되었는데, 대학생들은 새벽까지 공부와 연구에 파묻혀 있고 늦은 밤 커피 잔을 들고 연구실로 향하는 교수의 뒷모습은 신선한 충격이었다. 미국의 교육 제도를 조금씩 알게 되면서 필자가 중고등학교 시절 공부에 쏟아부은 그 많은 노력들이 생각만큼 중요하지 않을 수 있다는 것을 깨닫게 되었다.

귀국 후 교수가 되고 보니 우리나라 대학들은 그 사이 많이 발전했고 강의와 연구도 매우 충실하게 진행되고 있었다. 밤늦은 시간 커피 잔을 들고 학생들과 연구 미팅을 하는 사람은 이제 필자가 되었다. 하지만, 학생들과의 만남을 통해 여전히 어려운 수학 문제를 풀고 영어 참고서를 외우는 중고등학교 교육에는 큰 변화가 없음을 알게 되었고, 초등학교부터 시작되는 불필요한 사교육 때문에 지친 상태로 대학에 들어오는 학생들의 모습을 보면서 안타까운 마음이 들었다.

10여 년 후 가족을 데리고 미국으로 안식년을 떠나 1년을 보냈다. 그곳에서 아이들이 학교를 다니는 동안, 어떤 날은 짝이 다른 양말을 신고 학교에 가야 하기도 했고, 어떤 날은 교실 바닥에 매트리스를 깔고 반 친구들과 학교에서 자고 오는 날도 있었다. 아이들에게 학교는 정말 재미있고 즐거운 곳이었다. 짧은 기간 피상적인 경험이었지만 중고등학생들에게는 책을 많이 읽게 하고 운동도 많이 시키는 것 같았는데 동네의 넓은 공터는 일주일 내내 밤늦게까지 뛰어다니는 학생들로 가득 찼다.

밤늦게까지 운동하는 학생들의 모습은 필자로 하여금 밤을 새면서 공부하고 연구하는 미국 대학생들을 연상케 했다. 당시 방문했던 MIT 연구실의 연구 장비나 대학원생들의 수준 등을 볼 때는 해볼 만하다는 자신감이 들었지만, 밤늦게까지 운동하는 미국 청소년들과 학원에서 공부에 지쳐 있을 우리 청소년들을 비교할 때는 이기기 힘들 것 같다는 자괴감이 들었다.

또다시 세월이 흘러 KAIST 입학처장으로 소위 우리나라 최고의 학생들을 선발하면서 오랫동안 불만을 갖고 남 탓을 해왔던 우리나라 대학 입시의 최전선에 설 기회도 경험했다. 좋은 입시를 위한 다양한 정책들을 고민하면서 기본 방향은 '잘하는 학생보다 잘할 학생을 선발하자'는 것이었다. 더 나아가 앞으로 우리의 중고등학교 교육도 대학

입시 준비에서 벗어나 '대학과 사회에 나가 잘할 인재로 키우는 교육'
으로 변했으면 하는 바람도 갖게 되었다. 하지만 시간이 갈수록 대학
혼자만의 노력으로는 어찌할 수 없는 한계가 있다는 생각도 커져갔다.

교육으로 일어선 나라

필자가 입학처장을 맡을 당시 가까운 지인들로부터 "KAIST에도
입학처가 있느냐?", "KAIST 입학처장은 할 일이 없는 것 아니냐?"는
이야기를 듣곤 했다. 아마도 전국의 우수한 고등학생들이 줄을 서는
데 입학처장이 딱히 할 일이 없을 것 같다는 덕담의 말이었지만, 그런
덕담들은 오히려 필자의 어깨를 무겁게 만들었다. '과연 KAIST 입학
처장은 어떤 일을 해야 하나?' 지원한 학생들을 성적 순으로 세우고
정원에 따라 합격선을 긋는 일이 업무의 전부는 아니었기 때문이다.

입학 업무에 조금씩 적응되고 책무에 대한 생각이 깊어지면서
KAIST 입학처장으로 해야 할 일들이 나름 두 가지로 정리되었다. 첫
번째는 입시 정책을 통해서 KAIST 입학생의 대다수를 차지하는 과
학고와 영재고* 교육에 좋은 영향을 주자는 것이었다. 최소한 필자로

---

*   '영재고'로 불리우는 영재 학교는 '영재 교육 진흥법'에 의해 설립된 학교로 법적으로
    는 고등학교는 아니며 고등학교 학력을 인정 받는다.

인해 과학고와 영재고 교육에 부담을 가중시키거나 행여 잘못된 방향으로 이끄는 일은 없도록 하자는 속마음이었던 것 같다. 두 번째는 세계적인 대학으로 발돋움하고 있는 KAIST의 위상에 걸맞은 국제적인 기여를 해보자는 것이었다.

KAIST는 세계 대학 순위와 연구 업적 등과 같은 가시적 측면에서는 이미 세계 수준으로 인정받고 있고, 지난 50년간 우리나라의 과학 기술과 산업 발전에 많은 공헌을 한 것은 널리 알려진 사실이다. 하지만 "과연 인류 발전과 국제 사회에 어떠한 기여를 했는가?"라는 질문에 제대로 된 답을 하기는 어렵다. 노벨상 수준의 연구 업적을 통해서 인류 발전에 기여를 한 것도 아니고 세계적인 기술로 우리의 삶을 혁신적으로 변화시킨 경험도 없기 때문이다. 즉, KAIST는 좋은 대학이고 성과가 뛰어난 대학이지만 아직 훌륭하고 위대한 대학은 아니다.

KAIST 입학처가 국제 사회에 할 수 있는 기여를 고민하다 생각난 것은 필자의 과거 기억이었다. 필자가 기억하는 1960~70년대에 비록 나라는 못 살고 모두가 어려웠지만 열심히 공부하는 수많은 학생들 속에서 간혹 외국 유학을 떠났던 극소수의 학생들도 있었다. KAIST가 저개발국가의 학생들에게 그런 기회를 제공하자는 생각이었고 필자가 입학처장으로서 쉽게 추진할 수 있는 정책이었다. 학교 입장에서도 외국인 학생 비율을 높이는 일은 세계 대학 순위 경쟁에도 도움이 되었다.

리키 군(맨 왼쪽)과 리키 군 모교 고등학교 선생님들과 함께

　혹시나 하는 마음에 아프리카에서 유학 온 학생을 찾았고 그렇게
만난 학생이 리키였다. "어느 나라에서 왔느냐?"는 질문에 "르완다"라
는 답을 들었을 때 종족 간의 내전으로 수십만 명의 대학살*이 있었던
역사가 떠오르면서, 리키를 바라보는 필자의 심정이 6.25 전쟁을 기
억하며 1960년대 한국 유학생을 바라보던 외국 대학교수의 그것이
아니었을까 하는 생각이 들었다.

•　　르완다에서는 후투족과 투치족의 종족 간 갈등으로 1994년 4~7월 사이에 50~80만
　　　명이 학살당한 사건이 있었다.

학교에 잘 적응하고 있는 리키를 바라보면서 필자는 언젠가 르완다에 가서 더 많은 학생들을 데려오겠다고 약속했고 우리는 그것을 '리키 프로젝트'라 이름 붙였다. KAIST판 풀브라이트 프로젝트*의 시작이었다.

말이 씨가 되었다. 필자는 6개월 후에 입학 사정관들과 함께 르완다, 에티오피아, 탄자니아, 케냐로 KAIST 입학 설명회를 가게 되었다. 그 나라의 최고 명문 고등학교들에 가서 우리나라를 소개하고 입학 설명회를 했는데, 한류와 삼성 스마트폰의 영향으로 그곳의 학생들은 우리나라를 최고의 선진국으로 알고 있었다.

하지만, 6.25 전쟁과 필자가 중고등학생 시절이었던 1970년대 사진들을 보여주면 그런 과거를 가진 한국이 어떻게 선진국이 되었는지 그 비결에 대해서 더욱 궁금해했다. KAIST가 설립된 1971년 우리나라의 일인당 국민 소득이 300달러 미만이었다는 내용에 케냐의 과학고 선생님은 당시 케냐의 국민 소득이 더 높았다는 이야기도 했다.

각 나라의 최고 명문 대학에 가서는 대학생들과 교수들에게 대학원 과정에 대해서 설명했는데, 학생들보다는 교수들의 관심이 더욱 높았고 대학 당국에서도 젊은 교수들이 KAIST에 가서 박사 학위를 따고 돌아올 수 있는 기회가 제공되기를 적극적으로 희망했다.

---

* 1946년에 설립된 풀브라이트 재단은 세계 각국의 교수, 교사, 학생, 및 인사들을 미국으로 유학 보내는 역할을 하고 있는데 이 재단에서 장학금을 받고 미국에 유학한 전 세계 지식인들은 120개국 10만여 명에 달한다고 한다.

KAIST 입학설명회, 에티오피아

입학 설명회는 우리 사회의 높은 교육열과 함께 우리나라의 산업 발전에 대한 KAIST의 기여를 설명하면서, 학생들에게 공부를 열심히 해서 자신들의 나라를 위해 크게 이바지하라는 말로 마무리되었다. 귀국 후에 받았던 어느 교장 선생님의 메일에는 "필자가 다녀간 후에 희망이 생긴 학생들이 더욱 열심히 공부한다"는 내용도 있었다. 그 이후 해당 국가들의 많은 학생들과 교수들이 KAIST로 유학을 오게 되었는데 그 가운데 가장 성공적인 나라는 에티오피아이다.

에티오피아는 6.25 전쟁 참전국인 까닭에 우리나라와 정서적으로 유대감이 깊고 이미 많은 한국 분들이 봉사 차 교수로 나가 있었다.

KAIST 박사 학위를 취득한 에티오피아 현직 장관 메쿠리아 박사

출처: KAIST

특히, 최고 대학인 아디스아바바공과대학의 경우 1학년 신입생 가운데 우수한 학생들을 선발해 매년 3~4명씩 KAIST로 유학을 보내고 교수들과 관계 인사들이 KAIST에서 대학원 과정을 밟고 있다.

대표적인 예가 현직 장관 신분으로 KAIST 기술경영학부 대학원으로 유학 와 4년 만에 박사 학위를 받은 메쿠리아 박사이다. 그는 40세에 최연소 장관에 임용된 인재로 우리나라의 경제 발전 사례를 학문적으로 연구하고자 유학을 왔는데 귀국 후 현재 에티오피아 정부에서 장관직을 수행하고 있다.

이렇게 아프리카에서는 교육의 중요성과 함께 과거 어려웠던 시절

'교육으로 일어선 대한민국'을 자랑했던 필자가 정작 국내에서는 우리나라를 '교육이 없는 나라'라고 외치는 지금의 현실이 안타깝다. 어쩌면 우리 교육이 과거의 성공 속에 매몰되어 지난 수십 년간 급속하게 변화되어온 우리 사회와 대학의 발전에 못 미쳐 생긴 현상이 아닌가 한다.

"우리 교육 제도는 과거에 머물러 있으며, 더 이상 존재하지 않는 세계에 맞추어 아이들을 가르치고 있다"는 교육학자 테드 딘터스미스가 그의 책《최고의 학교 What School Could Be》에서 한 말이 더욱 절실히 가슴에 와 닿는다.

4차 산업혁명의 시대, 우리는 빠르게 발전하는 과학기술과 그로 인해 새롭게 다가올 미래 사회를 기대와 두려움으로 바라보고 있다. 그리고 그 미래 사회에서 우리나라가 더욱 발전하고 그 발전을 이끌 인재들이 오늘날 우리 사회의 학교에서 올바르게 교육받고 양육되기를 기대한다. 하지만, 오랜 과거에 머물러 있는 오늘날 우리의 교육 제도 속에서 다가오는 미래를 위한 교육이 제대로 이루어질 것이라 기대하는 것은 어불성설이다. 교육 제도에 큰 변화가 없는 한 첨예한 글로벌 경쟁 무대에서 우리 아이들의 미래를 장담하기는 힘들 것 같다.

폴란드의 벽돌공과 유능한 입학처장

2차 세계 대전 시절, 폴란드 어느 마을에 성실하고 일 솜씨 좋기로 소문난 벽돌공이 살고 있었다. 어느 날 마을 밖 벌판에 커다란 건물을 짓는다는 공고가 붙었고 벽돌공은 다음 날부터 건설 현장에서 일하게 되었다. 오랜만에 얻은 일자리인지라 벽돌공은 기쁜 마음으로 매일 아침 제일 먼저 현장에 나가 일을 시작했는데, 시간이 흘러 건물들이 조금씩 모양새를 갖추게 되면서 사람들은 이런저런 이상한 이야기를 하기도 하고 관리자가 안 보이면 삼삼오오 게으름을 피우곤 했다. 하지만, 벽돌공은 열심히 일했고 그로 인해 벽돌공이 맡은 구역은 다른 곳보다 빠르게 공사가 마무리되곤 했다.

몇 달 동안의 공사가 끝나고 건물이 완성되던 날, 벽돌공은 그동안의 성실함에 대한 공로로 표창장을 받았다. 더 이상 일거리가 없어졌다는 아쉬움도 있었지만 표창장을 들고 집으로 향하는 벽돌공의 발걸음은 가벼웠고 나름 뿌듯함이 가슴에 가득 찼다. 정문을 나서면서 돌아본 건물들은 크고 웅장했으며 정문 또한 반듯하게 세워져 있었는데 정문 위 푯말에는 다음과 같이 쓰여 있었다. '아우슈비츠 수용소'.•

우리는 인생을 살아가면서 자신이 하고 있는 일이 때로는 자신의

• 실제 아우슈비츠 수용소 정문에는 'ARBEIT MACHT FREI' 즉, '노동이 너희를 자유케 하리라'라는 문구가 쓰여 있다.

아우슈비츠 수용소 정문

의도와 전혀 다른 방향으로 흘러갈 수 있다는 것을 경험하곤 한다. 만일 자신이 짓고 있는 건물이 수용소가 되고, 그 곳에서 수백만 명의 유대인들이 학살당할 것이란 사실을 알았다면 벽돌공은 어떻게 했을까? 필경 그곳에서 일을 안 했거나 건물이 늦게 완성되도록 게으름을 피우고 심지어 관리자 눈을 피해 건물을 일부러 부실하게 만들었을 것 같다.

필자가 입학처장 업무를 수행하면서 고민하고 자주 자문했던 것은 필자가 '본의 아니게 잘못을 저지르는 폴란드 벽돌공의 모습'은 아닐까 하는 것이었다. 입학처장이 되어 처음 입시 자료들을 분석하면서 KAIST 합격생의 상당수가 서울대와 의대에 동시에 합격한다는 사실을 새삼 깨닫게 되었는데, 자연스레 합격생들을 경쟁 대학들에게 빼앗기지 않을 입시 전략을 고민하였다.

그러던 어느 날, 문득 필자 스스로 그동안 손가락질 해왔던 그런 입시 담당자가 되고 있다는 사실을 깨닫고 정신이 번쩍 들었다. KAIST 입학처장은 어떤 비전을 가지고 어떤 일을 어떻게 해야 할까? 단지 학생들을 성적 순으로 줄 세우고 경쟁 대학들과 제로섬 게임을 하는 것은 아니라는 점을 새삼 깨닫게 된 것이다. 더구나 KAIST 입시는 영재고와 과학고의 교육 방향을 이끄는 중요한 축으로 자칫 우리나라 이공계 영재들의 중고등학교 교육을 망가뜨릴 수도 있다는 사실이 필자를 더욱 긴장케 했다.

필자가 생각하는 입시 철학은 '입시는 교육의 일부분'으로 교육 성과를 가름하는 것과 함께 교육의 방향을 올바르게 선도하는 역할을 해야 한다는 것이다. 그런 관점에서 필자가 생각한 첫 번째 안은 입시 문제를 쉽게 내는 것이었다.

입시 문제의 난이도가 간혹 입시 난이도로 이해되는 상황으로 인해 혹은 변별력을 높이려는 목적으로 입시 문제를 어렵게 낼 경우 학생들은 불필요하게 어려운 문제만을 공부하게 된다. 그리고 개념을 올바르게 이해하고 깊이 생각하거나 그 개념을 이용해 새로운 것에 적용하는 교육은 이루어질 수 없고, 오히려 사교육이 심각한 우리 사

하버드 출신 미국인 교수가 수능 영어를 풀어보다

출처: 하이채드 Hi Chad, https://www.youtube.com/watch?v=DdDWVqgqFmI

회에서 학생들을 더욱더 사교육으로 몰아가는 부작용도 생기게 된다.

다른 하나는 '잘하는 학생보다 잘할 학생'을 선발하자는 방침이었다. 중고등학생 시절 열심히 공부하다가 대학에 올라와서 지쳐 떨어지는 학생보다는 대학에 올라와 자신이 원하는 전공에 혼신의 노력을 기울일 준비가 되어 있고 그런 자질이 있는 학생들을 선발하는 것이다. 그래서 성적이 꾸준히 올라가는 학생, 자기 꿈이 명확하고 대학에서 그 꿈을 실현하고자 최선을 다하는 학생 등을 우선시하고자 했다.

그런 와중에 "왜 우리 학교 학생들을 더 많이 뽑아주지 않느냐?"는 볼멘소리를 듣기도 했는데, 필자는 "중학교 때 어려운 수학 문제를 잘

풀어 좋은 고등학교에 들어간 학생들이 대학에 와서도 열심히 공부하고 사회에 나가 훌륭한 인재가 될 것이라 쉽게 단정하기는 조심스럽다"고 답변한 적도 있다.

과거에는 어려운 문제를 푸는 것만으로 실력을 인정받았고 사회에서 가장 중요시되었던 단어 가운데 하나가 '노하우know-how'였던 시절도 있었다. 그 시절에는 '아는 것이 힘'이었는데, 자연스레 교육도 학생들에게 보다 많은 것을 가르쳐 외우게 하고 많은 문제들을 빨리 풀게 하는 방법이 중요했고 입시도 그런 방향으로 설계되었다. 하지만 오늘날 노하우라는 말은 자주 사용되지 않는다. 물론 숨어 있는 노하우가 지금도 없는 것은 아니지만 스마트폰 검색만으로 세상의 많은 정보들을 쉽게 접할 수 있게 된 탓이다.

사람들은 현대 사회를 '노웨어know-where'의 세상, 즉 수많은 지식과 정보들을 검색 엔진을 통해서 빨리 찾아내는 것이 실력인 시대라 일컫고 때로는 그 양이 너무 많아 '빅데이터big data'의 세상이 되었다고도 한다. 오늘날 '인공지능AI'으로 인해 그 많은 데이터들이 더욱 빠르고 효과적으로 분석되고 활용되고 있다는 것 또한 주지의 사실이다.

필자가 생각하는 미래 경쟁력의 핵심은 많은 데이터와 노하우들을 새롭게 해석하고 새로운 곳에 적용할 수 있는 능력이다. 즉, 주어진 문제를 잘 푸는 사람인 'problem solver'보다 새로운 문제를 잘 만들어내는 사람, 'problem maker 혹은 problem creator'를 향한 교육이 필요하다는 것이다.

이미 시작된 새로운 세상 속에서 우리는 아이들에게 무엇을 어떻게 가르쳐야 할까? 그리고 중고등학교에서 그렇게 가르칠 수 있도록 대학의 선발 기준과 입시는 어떻게 변해야 할까? 많이 알고 빨리 푸는 세상은 오래전에 분명히 지나갔다. 과거 빠른 추격자 즉, 패스트 팔로어 fast follower였던 우리나라의 상황 속에서 우리의 과거 교육은 나름대로 성공했었다.

달리기 경주에서 100등 하는 선수에게 필요한 전략은 아무 생각 없이 앞 사람만 보고 무조건 열심히 달리는 것이다. 그런데 지난 수십 년 열심히 달리다 보니 어느 순간 20등 안에 들고 심지어 10등을 하고 있는 자신의 모습을 발견하게 된 것이 오늘날 우리의 모습이다.

그리고 마침내 1등을 한 어느 날 기쁨의 환호성을 외치게 되지만 그것도 잠시, 처음 서 본 맨 앞줄 퍼스트 무버 first mover의 자리에서 어디로 가야 할지 어쩔 줄 모르고 있는 오늘 그리고 내일의 우리 아이들의 모습이 그려진다. 과거 어려웠던 시절 교육으로 나라를 일으켰던 우리 사회가 오늘날 폴란드의 벽돌공과 같이 의도치 않게 교육이라는 이름으로 우리 아이들에게 큰 잘못을 저지르고 있는 것은 아닌지 되씹어본다.

저를 왜 뽑으셨나요?

대학 입시의 핵심은 우수한 학생 그리고 앞으로 대학에 들어와 잘할 학생을 선발하는 것이다. 그런데 막상 "우수한 학생 혹은 앞으로 잘할 학생은 어느 학생이냐?"고 질문하면 선뜻 답을 하기가 쉽지 않다. 예를 들어, '중학교 3학년 때 잘한 학생', '고등학교 3학년 때 잘한 학생', '대학교 2학년 때 잘할 학생' 가운데 누구를 선발해야 할까? 당연히 대학에 들어와 잘할 학생이지만, 한 치 앞도 모르는 세상살이에서 내신 등급, 자기소개서, 혹은 추천서 만으로 2년 후의 성적을 예측한다는 것은 쉽지 않은 일이다.

중학교 3학년 때 잘한 학생을 선발해야 한다는 의견은 세 가지 보기 가운데 타당성이 가장 떨어질 것 같지만, 이는 대학 입시에서 중학교 3학년 때 우수했던 영재고 혹은 과학고 학생들의 일반고 학생들에 대한 가중치를 얼마 만큼 고려해야 하느냐는 문제와 직결된다. 즉, 영재고 30등, 과학고 10등, 일반고 1등 학생들을 어떤 순서로 선발해야 하느냐는 것이다.

또한 "고등학교 3년 동안 평균 등수가 1등, 10등, 20등인 학생 가운데 앞으로 가장 잘할 학생은 누구이며, 또 만일 한 명을 탈락시켜야 한다면 어떤 학생이어야 할까?"하는 문제이다. 첫 번째 물음의 답은 당연히 1등인 학생이고 두 번째 답은 20등인 학생일 수 있다. 하지만, 세 학생의 3년 동안의 등수가 각각 1등 → 1등 → 1등, 5등 → 10등

→15등, 40등 →15등 →5등으로 변했다면(이 경우, 각 학생의 평균 등수는 여전히 1등, 10등, 20등이다), 두 번째 답은 20등인 학생보다 오히려 10등인 학생이 될 가능성이 높고 첫 번째 답도 3년 내내 1등한 학생과 40등에서 5등으로 올라온 학생 중에서 선택하는 것이 생각만큼 만만한 일은 아니다.

KAIST는 지원자의 성적은 물론 자기소개서와 추천서 내용들을 면밀히 살펴보고, 또 그렇게 입학한 학생들의 대학에서의 성적 추이를 추적해가면서 어떻게 하면 '앞으로 잘할 학생'을 더 잘 선발할 수 있을까 고심한다. (물론 '잘한다'는 개념이 학교의 특성상 성적만을 중심으로 해석되고 반영되는 한계는 분명히 있다.)

필자가 KAIST 입학처장을 맡을 당시에는 1학년생을 담당하는 '새내기 학부장'[•]도 겸직했는데, 그러다 보니 입시가 끝나고 신입생이 들어오는 3월이 되면 입학처장실은 자연스레 새내기 학부장실로 기능이 바뀌게 되었다. 필자는 매주 금요일 오후 커피와 함께 도넛을 쌓아놓고 신입생들에게 입학처장실을 개방했는데 생각보다 많은 학생들이 찾아와 새내기 학부에 대한 건의사항이나 의견을 피력하기도 하고 개인적인 고민들을 상담하곤 했다.

강의실에서 만난 여학생 때문에 가슴앓이를 시작한 학생, 공부에

[•] KAIST는 학과별로 선발하지 않고 한 묶음으로 선발한 후에 1학년 말에 원하는 학과를 선택할 수 있도록 한다. 그로 인해 1학년 때 소속 학과가 없어 '새내기 학부'를 만들어 운영했다.

대한 걱정이 산더미 같은 학생, 대학 생활에 대한 막연한 불안감이 큰 학생 등이었는데, 그 가운데에서 가장 많은 부류는 KAIST 입시에 대해서 의아함을 가지고 오는 학생들이었다. 즉, "저를 왜 뽑으셨나요?" 자신이 합격한 이유에 대해서 혹시 입시 착오는 아닐까 하는 불안감 (?), 막연한 궁금증, 또는 친구들의 상담 내용을 전해 듣고 재미 삼아 오는 경우 등이었다.

필자는 서류 심사에 직접 참여하지 않아 각각 학생들의 합격 이유에 대해서는 정확히 알 수 없었지만 상담하러 온 학생들과의 대화를 통해서 합격 이유를 나름 설명해 줄 수는 있었다. 그 가운데 몇 가지 예를 소개하면 다음과 같다.

앞으로 잘할 학생을 선발한 사례들

옷차림이 불량했던 과학고 학생 – 이 학생의 첫 모습은 모자는 삐딱하게 썼고 옷차림이 눈에 거슬렸던 것으로 기억된다. 출신 과학고에서 자기보다 성적이 우수한 학생들이 많이 떨어졌는데 이상하게도 성적이 낮은 본인이 합격했다고 했다. 꿈과 전공에 대한 필자의 질문에 패션에 관심이 많으며 앞으로 디자인 관련 벤처를 하고 싶다면서 전공으로 산업 디자인 학과를 선택할 것이라고 했다. 과학고 재학 중 패션과 관련된 여러 활동들을 했고 옷도 직접 만들어 입고 다녔다고 했다.

부모님의 반대도 컸고 속도 좀 썩인 눈치였지만, 삐딱한 모자와 불량한 옷차림은 강한 개성과 창의성으로 다시 다가왔고 산업 디자인 학과에 들어가 크게 성공할 인재로 보였다. 전국의 과학고에서 옷을 직접 만들어 입고 다니는 학생이 과연 몇이나 있을까? "왜 그랬었느냐?"는 필자의 질문에 "좋아서요"라고 답했다. 이런 내용이 자기소개서에 녹아 있었다면 입학 사정관도 성적만으로 쉽게 탈락을 결정짓기는 어려웠을 것이다. KAIST는 자신의 전공과 일을 좋아하는 학생을 좋아한다.

일반고 전교 6등 학생 – KAIST에 합격하는 일반고 학생들의 경우 대부분 전교 1, 2등인데 전교 6등은 조금 의외였다. 학교장 추천 전형으로 입학한 학생으로 추천서에 대한 질문에 교장 선생님은 물론 학교 선생님들이 자신을 매우 좋게 봐주신다는 답변과 함께, 1학년 때 100등이던 성적을 3학년 때 6등까지 끌어올린 공부 성공담과 다양한 학교 활동에 대해 이야기했다.

자기 주도적인 학습 태도와 적극적인 학교 생활이 매우 인상적이었는데 입학사정관 눈에도 선행 학습 없이 스스로 열심히 노력한 학생으로 인식된 것 같다. 더구나 다양한 학교 생활을 통해 교장 선생님까지 앞으로 크게 성공할 제자로 판단했다면 그 추천서는 다른 추천서와 비교해 매우 돋보였을 것이다. KAIST는 꾸준히 성장하는 학생을 좋아한다.

영어를 잘 못하는 외국고* **학생** – 아버지의 해외 발령으로 갑작스레 외국 생활을 하게 된 학생으로, 같은 외국 고등학교에서 지원한 학생

---

* KAIST는 대한민국 국적의 외국 고등학교 재학생을 대상으로 '외국고 전형'을 실시한다.

중 성적이 가장 낮았는데 1등과 본인만 합격했다고 말했다. 국내 유명 자사고를 1학기 다닌 것에 좋은 점수를 줄 수 있었고 영어도 못하는데 3년 동안 꾸준히 봉사 활동을 한 점도 마음에 들었다. 새로운 환경에 대한 두려움과 좋은 학점에 대한 집착 없이 자신이 듣고 싶은 어려운 과목을 과감히 수강한 이력이 돋보이는 학생이었다. "왜 그랬었느냐?"는 필자의 질문에 "제가 원래 깡이 좀 있어요"라고 대답했다. KAIST는 도전하는 학생을 좋아한다.

필자가 입학처장 시절에 도입한 제도 가운데 '특기자 전형'이 있다. 영재고와 과학고를 방문할 때면 자연스레 선생님들의 건의 사항을 듣게 되는데 그 가운데 하나가 특정 교과목에만 재능이 뛰어난 학생들 이야기였다. 이런 학생들은 대체로 전체 성적이 떨어질 수밖에 없어 원하는 대학에 가기 힘들고 때로는 다른 교과목 공부로 인해 뛰어난 재능을 일찍 접어야 하는 경우가 종종 있다고 했다.

알버트 아인슈타인도 비슷한 학생이었다. 수학과 물리는 매우 뛰어났으나 화학과 생물은 낙제점을 면치 못했던 그는 스위스 취리히 공과 대학 입학 시험에서 떨어졌는데, 그의 재능을 알아본 교수가 청강을 허락했고 공대 학장은 조건부 입학을 허용했다. 물론 우리나라 대학 입시에서는 불가능한 이야기이다.

당시 KAIST에 입학하기 힘든 특정 분야에 영재성을 나타내는 학생들을 위한 입시 제도가 필요하다고 판단했고 '특기자 전형'을 만들었다. 자칫 입시의 형평성에 대한 우려 혹은 특정 과목에 대한 집중적인 사교육을 부추길 수 있다는 걱정에도 불구하고 KAIST의 사회적 역할에 비추어 작은 길 하나는 만들어 놓자는 의도였다.

특기자 전형으로 입학한 학생은 해당 분야 교수가 멘토 교수로 정해지고 멘토 교수와 함께 개인별 맞춤형 교과 과정 설계가 가능하다. 일반 신입생들과 비교해 기초 과목 학점은 반으로 줄이고, 줄어든 학점만큼 자신이 잘하는 전공 학점은 늘려 특기 역량을 극대화할 수 있게 했다.

2022년 필자는 제주도에서 열린 KAIST 개교 50주년 기념 로켓 발사 행사에 부총장 자격으로 참석했는데, 한 젊은이가 반가운 얼굴로 자신을 소개했다. 로켓 발사 행사의 주인공인 '페리지에어로스페이스' 신동윤 대표였다.

중학교 때부터 아마추어 로켓을 만들었고 그 일을 통해 특기자 전형으로 합격해 항공우주공학과에서 자신의 꿈을 키울 수 있었다면서 입학 당시 입학처장이었던 필자를 기억하며 감사 인사를 표했다. 20대 중반 나이에 벌써 60여 명의 직원을 거느린 어엿한 CEO의 모습이 대견했고 자신의 꿈을 향해 힘차게 달려가는 '로켓 천재'의 모습에 필자가 오히려 감사할 따름이었다.●

● 《머니투데이》, '윤 대통령 만난 20대 '로켓천재' 알고보니… 400억 투자받은 한국의 머스크', 2023년 2월 22일

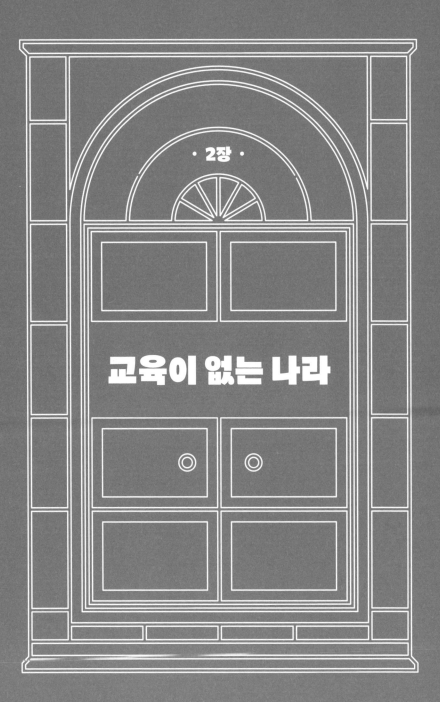

· 2장 ·

교육이 없는 나라

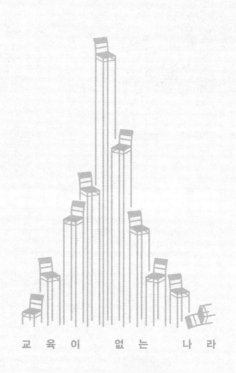

교 육 이 없 는 나 라

교육이 없는 나라

공부는 언제 가장 열심히 해야 하나?

"공부는 언제 가장 열심히 해야 하나?" 필자가 강연을 시작할 때 던지는 첫 질문이다. 보기로 중학교 2학년, 고등학교 3학년, 대학교 2학년, 그리고 박사 과정을 예로 드는데, 강연 대상은 때에 따라 중고등학생, 대학생, 학부모님, 선생님들로 다양하지만 필자가 원하는 답을 듣는 경우는 매우 드물다. 때로는 너무도 뻔한 답으로 인해 필자의 의도를 파악하고자 애쓰는 모습을 보이기도 하는데, 뻔한 답은 물론 '고3'이다. 고3 때 공부를 열심히 해야 좋은 대학에 들어가고, 좋은 대학에 들어가야 더 나은 직장을 얻어 풍요로운 삶을 살 수 있다는 사회 통념 때문이다.

실제 교육 현장에서는 중학교 2학년도 가능한 답인데, 영재고, 과학고, 자사고 입시가 중학교 3학년 때 있고 해당 고등학교 학생들의 의대와 일류 대학 합격률이 높은 현실을 고려하면 중학교 2학년은 입시 전략상 나름 합리적인(?) 선택일 수 있다. 일부 청중들은 교수인 필자의 의도를 지레 짐작해 박사 과정이라고 답하기도 하지만, 박사 과정은 연구를 할 시기이지 열심히 공부할 시기는 아니다. (연구에 대해서는 후반부에 따로 이야기하고자 한다.)

가장 낮은 응답률을 보이는 답은 '대학교 2학년'인데, 역설적이게도 그것이 필자가 원하는 답이다. 교육 과정을 살펴보면 너무도 당연한 이 답변이 왜 우리 사회에서는 이렇게 어색하고 생뚱맞게 느껴지는 것일까? 아래 표는 필자가 생각하는 각 교육 과정에서의 성공 요인이다.

학생의 시기별 성공 요인

	초·중·고등학교	대학교	대학원
성공 요인	성실, 철, 엄마, 학원, 지능	꿈, 재미	긍정, 열정, 도전

고등학교까지는 성실하고 일찍 철이 든 학생들이 공부를 잘한다. 엄마의 열성과 정보력도 중요한 요인이 될 수 있는데, 혹자는 엄마의 정보력, 할아버지의 재력, 아빠의 무관심이 아이의 성적과 비례한다는 이야기를 하면서 우리 사회의 교육 현실을 꼬집기도 한다. 좋은 학

원도 사교육이 중요시되는 우리의 교육 현실에서는 무시될 수 없고, 상대적으로 더 많은 양을 학습하고 어려운 문제들을 남보다 빨리 풀어야 하는 상황에서 학습 지능 또한 중요한 요인이다.

그런데 대학에 들어가면 상황이 달라진다. 학생들은 대부분 철이 들고 엄마와 학원의 영향력은 더 이상 중요하지 않게 되며, 생각하는 시간을 충분히 주는 대학 교육의 특성상 학습 지능도 생각만큼 그렇게 중요한 요인은 못 되는 것 같다. 대학에서의 성공 요인은 '꿈과 재미'이다. 즉, '전공 적합성'이다. 대학 교육은 자신이 평생 하고 싶은 일을 배우는 전공 수업이 핵심이다. '진리 탐구'라는 말로 거창하게 표현하기도 하지만, 그 경우에도 수학과 학생은 수학, 법대생은 법학, 공대생은 공학에서 자신이 추구하는 학문의 진리를 배우고 찾아가는 것이다.

수학 참고서를 공부하면서 즐거움과 재미를 느끼는 고등학생을 찾기는 힘들지만 대학에서 전공 과목을 들으면서 흥미와 재미를 느끼는 학생들은 많다. 그리고 많아야 한다. 영화감독을 꿈꾸는 학생이 촬영 기법과 영화 이론을 배우고 로켓에 빠진 학생이 공기 역학과 추진 공학을 배울 때, 그리고 의대생이 해부학을 배우고 법대생이 헌법개론을 배울 때 학생들은 자신의 꿈을 향한 기대와 설렘 속에서 학문적 흥미와 재미를 충분히 느낄 수 있다.

필자가 대학교 2학년을 꼭 집는 이유는 전공의 핵심 개념들이 처음 소개되는 시기인 탓이다. 혹자는 대학 간의 수준 차이를 언급하며 일류 대학에 들어가는 것이 우선이라고 주장하겠지만, 우리나라 대학들은 지난 수십 년간 크게 발전하여 학사 과정(학부) 교육의 경우 대학 간의 수준 차이는 사회 통념과 달리 크지 않다.

오히려 일류 대학의 경우 교수들은 대학원생들과의 연구에 몰두하고 학회나 위원회 등의 잦은 외부 활동 등으로 학부 교육에 소홀히 할 개연성이 높다. 참고로, 우리 사회에서 대학 서열을 결정짓는 것은 교수들의 학문적 수준 차이보다는 입학생의 내신 등급과 수능 점수, 정부와 대학 재단의 지원, 연구 인프라와 시설 등의 차이가 훨씬 중요하다는 것이 필자의 생각이다.

필자 세대도 오늘날처럼 일류 대학 진학이 사회적으로 매우 중요하게 간주되었는데, 40여 년이 지난 오늘날 당시의 일류 대학 진학 여부보다 대학 진학 후에 행해지는 수많은 노력들이 사회에서의 성공에 훨씬 더 중요하다는 것을 절실히 경험했다. 이러한 상황을 사람들은 "학교 성적과 사회에서의 성공은 관련이 없다" 혹은 '팔자소관'이라는 말로 피해 가기도 하지만, 그 경우 앞에서 언급한 공부를 열심히 해야 하는 고3의 논리와 모순되는 것을 깨닫게 된다.

지금까지 부모님과 선생님들로부터 "일류 대학에 가면 성공한다"는 말을 수도 없이 들었겠지만, 오늘날 필자가 하고 싶은 말은 "대학 가서 열심히 공부하면 성공한다"는 것이다. 그 대학이 일류 대학이면 더욱 좋겠지만 그렇지 않더라도 가장 중요한 것은 대학에서 열심히 공부하는 것이다.

물론 일류 대학 입학이 줄 수 있는 많은 장점들은 결코 폄하되거나 쉽게 넘어갈 수 있는 사항은 아니다. 하지만, 과거와 달리 대학 교육이 충실해진 오늘날에는 대학에서 무엇을 어떻게 배웠고 얼마나 충실하게 습득했느냐가 대학 입학을 통해서 얻어지는 간판보다 훨씬 중요해졌다. 즉, 일류 대학에 입학해 소홀히 공부하는 경우보다 이류 혹은 삼류 대학에 들어가 열심히 공부하는 것이 훨씬 자신의 경쟁력을 높이는 데 유리하고 사회도 당연히 그 방향으로 발전해야 하는 당위성이 있다.

참고로, KAIST 대학원생들의 출신 대학은 일류, 이류, 혹은 삼류로 다양하지만 대학원에서의 성적과 연구 능력은 차이가 없고, 오히려 많은 교수들은 일류 대학 졸업생들보다 이류 혹은 삼류 대학에서 뒤늦게 정신 차리고 열심히 공부한 학생들을 선호하는 것 또한 사실이다.

결론적으로 공부를 가장 열심히 해야 할 때는 '고3'이 아니라 '대학교 2학년'이고 또 그래야 한다. 사회에 나가 직업 현장에서 활용할 전문 지식의 대부분을 대학에서 배우기 때문이다. 필자는 고3 때까지 열심히 공부했던 내용들이 사회 심지어 대학에서조차 큰 도움이 되지 않는다는 사실을 깨달았을 때 당혹감을 느꼈다.

어느 날 언론계에 있는 죽마고우 친구에게 이런 이야기를 했더니, 갑자기 "너만은 잘 써먹고 있는 줄 알았다"며 큰 소리로 웃었다. 아마도 언론인으로서 접했던 수많은 사회생활 속에서 필자와 비슷한 생각을 하곤 했지만, KAIST 교수인 필자만은 고등학교에서 배웠던 내용들을 잘 써먹었을 것이라 생각하며 스스로 당위성을 찾았던 것 같다. 앞으로 우리 사회가 '대학에 가기 위해 열심히 공부하는 사회'가 아니라 '열심히 공부하기 위해 대학에 가는 사회'로 바뀌었으면 하는 소망이다.

필자를 더욱 안타깝게 만드는 것은 같은 질문을 던지면서 간혹 '미국의 경우'라는 토를 다는 때인데, 그때는 많은 사람들이 '대학교 2학년'을 답으로 선택하곤 한다. 결국, 잘못된 교육 제도와 그로 인해 비롯된 사회 환경 탓으로 우리 사회와 아이들은 엉뚱한 곳에서 시간과 노력을 낭비하고 있다. 그래서 우리 사회의 학부모와 아이들이 억울하고, 국가와 사회는 교육을 통해 국가 경쟁력을 더욱 높일 수 있는 기회를 놓치고 있다.

억울한 아이, 억울한 부모, 억울한 사회

몇 년 전 영재고 학부모와 사교육 이야기를 나눈 적이 있었다. "사교육을 언제부터 시키셨느냐?"는 필자의 질문에 맞춰보라고 하셔서 "초등학교 3학년"이라고 답했더니 "세상 물정을 모른다"는 답변을 들었다. 다시 생각해보니 초등학교 3학년이면 아이는 주위에서 이미 수학을 잘한다는 소리를 들을 때라는 것을 깨닫게 되었다. 필자의 재차 질문에 학부모님은 "6살"이라고 답변했다.

우리나라 교육의 국제 경쟁력과 관련되어 자주 언급하는 내용 가운데 TIMSS*가 있다. TIMSS는 세계 50여 개 국가들의 초등학교 4학년과 중학교 2학년 학생들의 수학·과학 성취도를 4년 주기로 평가하는 것으로, 우리나라 학생들의 성취도는 TIMSS 평가에서 늘 최상위권을 차지하지만 속사정을 살펴보면 암울하기만 하다. 아래 표는 2019년 TIMSS 평가 결과에서 우리나라 학생들의 성취도, 흥미도, 자신감의 순위를 정리한 내용이다.**

우리나라 학생의 TIMSS 평가 결과

학년	교과목	성취도	흥미도	자신감	대상 국가 수
초등학교 4학년	수학	3	57	56	58
	과학	2	49	57	58
중학교 2학년	수학	3	39	34	39
	과학	4	26	25	26

출처: 한국교육과정평가원, 'TIMSS 2019' 결과 발표 별도첨부 자료

---

* TIMSS ; Trends in International Mathematics and Science Study, 수학·과학 성취도 추이 변화 국제 비교 연구
** 한국교육과정 평가원, 'TIMSS 2019' 결과 발표 별도첨부 자료

최상위권인 성취도에 비해서 흥미도와 자신감은 대상 국가들 가운데 모두 밑바닥이었다. 더욱 안타까운 점은 학년이 올라갈수록 흥미도와 자신감이 더욱 떨어진다는 것인데, 초등학교 4학년과 중학교 2학년을 비교할 때 흥미도와 자신감에 대한 '부정적' 답변이 수학의 경우 각각 40퍼센트, 36퍼센트에서 61퍼센트, 54퍼센트로 올라갔고, 과학의 경우는 각각 16퍼센트, 23퍼센트에서 47퍼센트, 65퍼센트로 더욱 급격히 올라갔다.[*]

우리 사회가 아이들에게 바라는 것은 현재가 아니고 미래의 모습인데 흥미도 자신감도 없는 아이들에게 무슨 미래를 기대하겠는가? 그리고 초등학교 4학년과 중학교 2학년 때의 성취도가 인생에서 무슨 소용이 있을까 가슴이 답답하기만 하다.

애플의 교육 담당 부사장 존 카우치 John Couch가 쓴《공부의 미래 Re-wiring Education》에는 다음과 같은 구절이 있다. "성공의 가장 중요한 요소는 동기부여이다. 학생이 무언가를 간절히 배우길 원한다면 나쁜 부모에 형편없는 교사와 학교가 가세하더라도 배우는 것을 막을 수 없다." 필자가 우리 교육의 현실을 안타까운 눈으로 보는 가장 큰 이유는 우리 교육이 우리 아이들에게서 동기부여에 가장 중요한 흥미와 자신감을 빼앗고 있다는 것이다.

---

[*]   한국교육개발원 교육 통계 서비스 공식 블로그, blog.naver.com/kedi-cesi

또 다른 평가인 PISA*는 OECD 국가의 15세 학생들의 읽기·수학·과학 소양을 3년 주기로 평가하는 것인데 2018년 평가에는 OECD 37개 국가를 포함해 모두 79개 국가가 참여했다. PISA 평가에서도 우리 학생들의 성취도는 항상 최상위권이지만 학생들의 삶의 만족도는 매우 낮은 수준으로 2018년의 경우 조사 대상 71개국 가운데 65위였다.** 학부모, 선생, 그리고 어른의 한 사람으로 우리 아이들이 보여주는 최상위의 성취도와 최하위의 삶의 만족도에 대해서 기뻐해야 할지 슬퍼해야 할지 생각이 더욱 복잡해진다.

2018년 평가에는 우리 학생들의 '최하등급(학력 미달)' 비중이 14.8퍼센트로 2009년의 6.7퍼센트와 비교해 10년 사이에 2배 높아졌다는 내용도 있다.*** 다음 쪽 그림은 2006~2018년 기간의 '최하등급 비중'과 2012~2020년 기간의 '고교생 1인당 월 사교육비'의 변화 추세이다. 중첩되는 2012~2018년 기간 동안 최하등급 비중은 8퍼센트에서 15퍼센트로 증가했고 사교육비 또한 22만 원에서 32만 원으로 증가했다.

결론적으로 돈은 돈대로 쓰고 교육 효과는 더욱 떨어져 최하등급의 학력 미달 학생들이 더욱 늘어난 상황이 되었다. 사교육의 병폐 혹은 치솟는 사교육비를 감당하지 못하는 저소득층 학생들이 더 일찍

---

*   PISA ; Program for International Student Assessment, 국제 학업 성취도 평가
**   《에듀프레스》, '우리나라 학생 삶의 만족도 71개국 중 65위', 2019년 12월 3일
*** 《조선일보》, '기초개념도 모르는 최하등급 학생 14.8퍼센트', 2021년 1월 6일

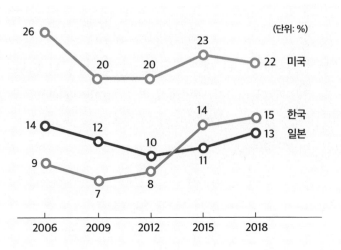

한·미·일 PISA 최하등급 비중

출처: OECD, 2018

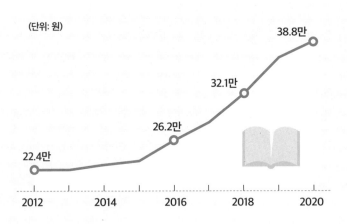

고교생 1인당 월평균 사교육비 추이

출처: 교육부, 2021

학업을 포기하는 것은 아닌가 하는 우울한 결론에 도달한다.[●]

학업에 대한 흥미도 자신감도 없는 그래서 삶의 만족도가 낮은 '불행한' 우리 아이들이 높은 학업 성취도를 보여주는 어처구니없는 오늘날 우리 교육의 현실이 필자를 안타깝게 한다. 그리고 증가하는 최하등급 비중을 보면서 '어린 나이에 낙오되는 수많은 아이들의 마음은 오죽할까?' 생각하면 학부모 그리고 선생의 한 사람으로서 가슴이 더욱 아프다.

오래전에 청소년 자살과 관련된 신문 기사에서 본 부모님께 남긴 유서 내용은 "부모님께 죄송하며 다음 생에는 공부를 잘하겠다"는 것이었다. 참고로, 우리나라의 15~17세 청소년 사망 원인 가운데 자살은 1위로 인구 10만 명 당 9.5명이다.[●●]

우리는 사랑하는 아이들이 자라서 훌륭한 사람이 되라고 열심히 가르친다. 아이들도 부모님과 선생님 말씀 잘 듣고 열심히 공부해 일류 대학에 들어가면 훌륭한 사람이 될 것이라고 믿는다. 그렇게 부모와 아이 그리고 사회가 한마음으로 시간과 돈과 온갖 정성을 다 쏟은 결과 아이들은 수학과 과학을 잘하게 되지만, 너무 일찍부터 내몰린 탓에 아이들은 지치고 공부를 싫어하게 되고 무의미한 경쟁 속에서 자신감을 잃어간다.

[●]   MBN, '부모 지위나 경제력에 따라 자녀 학습 격차 크다', 2022년 1월 2일
[●●] 《노컷뉴스》, '아동·청소년 자살률 2.7명…', 2022년 12월 27일, ref. 통계청 '아동·청소년 삶의 질 2022 보고서'

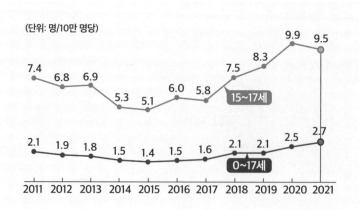

(단위: 명/10만 명당)

9.9   9.5

8.3

7.5

7.4   6.8   6.9

6.0   5.8

5.3   5.1

15~17세

2.1   1.9   1.8   1.5   1.4   1.5   1.6   2.1   2.1   2.5   2.7

0~17세

2011 2012 2013 2014 2015 2016 2017 2018 2019 2020 2021

아동·청소년 자살률

출처: 통계청, 2022

　일찍부터 흥미와 자신감을 잃은 우리 아이들은 학년이 올라갈수록 점점 더 공부와 멀어지게 되는데, 결국 사회와 학교 그리고 어른들의 '지극정성'으로 인해 아이들은 어려서부터 '배움의 즐거움'은 배우지도 못하고 오히려 빼앗기고 있는 것은 아닌가 싶다. 그래서 선생님과 부모님 말씀 잘 듣고 열심히 노력한 아이들이 억울하고, 온갖 정성을 다 바친 부모님들이 억울하고 우리 사회 전체가 억울하다.

　6세부터 사교육을 시작한 아이들 가운데 영재고에 진학하는 아이들은 몇 퍼센트가 될까?, 그리고 영재고 학생들 가운데 몇 퍼센트가 자신이 원하는 대학에 들어가고, 또 그렇게 들어간 대학에서 성공적인 학업과 연구의 꽃을 피우는 학생들은 과연 몇 퍼센트나 될까? 모든 관문을 성공적으로 통과한 아이들은 과연 자신이 지나온 중고등학교 시절을 만족한 눈으로 바라볼 수 있을까? 사교육을 많이 받은 아이, 사교육을 못 받은 아이, 혹은 안 받은 아이, 좋은 학교에 들어간 아이, 못 들어간 아이 등등. 우리 사회의 모든 아이들이 억울하다.

한편 그렇게 일류 대학에 들어간 사람은 목표를 달성했다는 성취감과 우월감 속에서 정작 대학에서는 사회가 요구하는 진짜 경쟁력을 쌓을 기회를 놓치고, 못 들어간 사람은 쓸데없는 열등감과 불편함 속에서 살아가는 것 또한 우리 사회의 안타까운 단면 중 하나이다. 어른들도 억울하기는 마찬가지다.

20대 젊은이들의 신조어 가운데 '이생망', 즉 '이번 생은 망했다'는 말이 있다고 한다. 혹시 좋은 대학에 들어가지 못했다는 이유만으로 이생망을 이야기하고 있는 것은 아닌지 교육자 그리고 학부모의 한 사람으로 안타깝고 가슴이 아프다. 좋은 대학 진학 여부와 이생망과는 관련이 없고 관련이 없어야 하며 어쩌면 교육 개혁을 주장하는 필자가 이 책을 쓰는 또 하나의 이유이기도 하다.

필자는 그 인고의 시간들을 성공적으로 보낸 학생들을 가르치면서 지난 25년을 보냈는데 일류 대학에 입학한 학생들도 억울하기는 마찬가지이다. "이 고비만 넘기면 된다"는 부모님과 학교 그리고 학원 선생님들의 성원과 지금 배우는 내용들이 나중에 대학에서 잘 써먹을 수 있을 것이란 기대 속에서 열심히 노력했는데, 막상 대학에 들어가 보니 그동안 배운 내용은 별 쓸모가 없고 일류 대학 입학과 함께 자칫 꿈을 다 이룬 사람이 되어 버리기 때문이다.

몇 년 전《카이스트신문》에 실린 1학년 신입생의 글 제목은 '대학에 들어와 잃어버린 꿈으로 인해 잃어가는 열정'으로 그 글에는 다음과 같은 내용이 있었다. "우리는 어릴 때부터 공부해오면서 대학을 목표로 잡는다. 나도 대학을 일단 목표로 잡고 그다음에는 꿈이 생기지 않겠느냐고 생각해 정신없이 공부만 하고 살아왔다. (중략) 입학하기 전에는 정말 간절하게 바라고 오지 못하면 죽을 것만 같았는데 대학에 입학하니 아무것도 없었다."

학생의 글을 읽고 다음 번《카이스트신문》에 필자가 기고한 글의 제목은 '꿈을 잃어버린 학생에게'였고, 필자는 그 글에서 다음과 같이 이야기했다. "우리는 좋은 대학에 가기 위해서 태어난 것이 아니고, 나중에 보람 있고 가치 있는 성공적인 삶을 살아가기 위해서 태어난 것이다. (중략) 너무 일찍 샴페인을 터뜨리는 우를 범하지 말도록 하자. 우리는 성공하기 위해서 KAIST에 왔다."

대학을 목표로 삼고 그 목표를 향해 열심히 그리고 성공적으로 달려온 1학년 신입생들에게 "지금부터가 진짜 시작이다"라고 말하는 필자는 스스로 반문하곤 한다. '내가 정말 잘하고 있는 것일까?' 잘못된 교육 제도 속에 끼여 있는 우리 아이들에게 또다시 "더 열심히 뛰어야 한다"고 다그칠 수밖에 없는 필자가 오히려 미안할 뿐이다.

일류 대학만을 목표로 내달리는 우리 사회의 교육 현장에서 가장 안타까운 사람은 일류 대학에 들어가 꿈을 이루었다고 생각하는 사람일 수 있다. 일류 대학에 못 들어간 사람은 이류 혹은 삼류 대학에서 실패의 아픔을 딛고 일어서 새롭게 노력하고 도전할 수 있지만, 일류 대학에서 꿈을 이루었다고 생각하는 사람은 더 이상 노력하지 않기 때문이다. 하지만 오늘날 우리 사회는 대학에서 사회가 필요로 하는 실력과 경쟁력을 키우지 않은 사람들을 환영하지 않는다.

대학에 들어와 잃어버린 꿈으로 인해 잃어가는 열정

나는 대학에 들어오고 나서 열정을 잃어버리고 무기력한 삶을 사는 것 같다고 느꼈다. 내가 주변 친구들이나 가족들에게 이런 말을 하면 그들은 이게 원하던 삶이 아니냐고 되묻는다. 이렇게 시간이 많아서 무엇을 해도 시간이 부족하지 않고 이런 여유로움을 가지는 것이 고등학교 때 바라던 것이 아니었냐고 말한다. 그리고 그들은 지금 이런 많은 시간이 있는 것에 대해 만족한다.

생각해보면 고등학교 때 나도 이런 여유로움을 원한 것은 맞다. 하지만 내가 원한 여유로움은 이런 것이 아니었다. 할 일을 하는 동시에 취미 생활 정도를 할 수 있는 여유로움이었다. 주변 친구들은 만족한다고 말하기에 처음에는 나만 이렇게 생각하는 것 같았지만, 카이스트와 관련된 커뮤니티 사이트를 보면 나만 이렇게 느끼고 있는 것이 아니었다.

우리는 어릴 때부터 공부해오면서 대학을 목표로 잡는다. 나도 대학을 일단 목표로 잡고 그다음에는 꿈이 생기지 않겠느냐고 생각해 정신없이 공부만 하고 살아왔다. 고등학교 때는 매일 6시에 일어나고 밤 1시 이후에 자는 등 내가 그때 어떻게 살았지 싶을 정도로 정말 열심히 살았다.

그런데 대학에 들어오고 나니 나는 아무것도 할 수가 없었다. 내가 무엇을 해야 하는지 얼마나 해야 하는지 감이 잡히지 않았다. 고등학교 때 가지고 있던 열정은 모두 사라졌고, 하루하루를 그냥 무기력하게 보내고 있다. 알 수 없는 허탈감만 생겼다. 내가 왜 목표를 대학으로 잡았는지 후회가 되기도 했다. 대학교에 입학하기 전에는 정말 간절하게 바라고 오지 못하면 죽을 것만 같았는데 대학에 입학하니 아무것도 없었다. 그리고 그다음의 목표가 없어 정말 의미 없는 생활을 하고 있다. 우리의 생각은 '그냥 살다 보면 어떻게든 살 수 있겠지?'라고 모두가 안일하게 생각하고 있는 것 같다. 누구나 어릴 때처럼 하고 싶은 꿈을 구체적으로 가지고 있지 않다.

나는 어릴 때 꿈이 아주 다양했던 것 같다. 그리고 그 꿈을 이루기 위해 어떻게 해야 하는지 알아보기도 하고 그 꿈을 이룰 때의 상상도 하며 기뻐했던 기억이 있다. 그리고 한때 꿈이 없던 적이 있었다. 그때 선생님과 상담하면서 상당히 울었다. 그만큼 어릴 때는 꿈이 나에게 중요하고 영향이 큰 것이었는데 지금은 어쩌다가 이렇게 된 것인지 잘 모르겠다. 지금 새내기인 시점에서 한 번쯤은 자기 자신을 돌아볼 필요가 있다고 생각한다. 왜 나는 지금 열심히 하지 않고 있는가 생각할 필요가 있다고 생각한다. 나는 우리가 모두 꿈이 그냥 돈을 벌고 싶다가 아니라 나는 무엇을 하고 싶다고 정확한 꿈을 가지고 있었으면 좋겠다.

물론 세상이 그만큼 만만하지 않고 주변 사람들이 자기 꿈을 싫어하는 경우도 있을 것이다. 하지만 그래도 꿈을 가지는 것이 나는 중요하다고 생각한다. 그것을 이겨내고 결국에 성공하면 얼마나 자기 자신에게 만족하고 얼마나 뿌듯할지 상상해보면 그 정도는 힘든 것도 아니다. 자기가 하고 싶은 것, 꿈을 찾는다면 자신이 가진 열정을 다 쏟아부을 수 있다. 그래서 나도, 독자들도 다시 한번 자신을 돌아보고 꿈을 찾았으면 좋겠다.

출처: 《카이스트신문》

대학 입시에 목매는 나라

우리나라에는 '교육'은 없고 '대학 입시'만 있는 것 같다. 교육은 오늘의 삶과 미래를 위해 필요한 것들을 배우고 행복감과 자긍심을 키워 궁극적으로 자신과 사회에 유익한 구성원이 되어가는 과정이다. 하지만 우리나라에서 교육은 대학 입시에 필요한 것들을 남들보다 먼저 그리고 많이 가르치고 배우는 것으로 인식된다.

교육이 제대로 보편화되지 못하고 대학 교육이 충실하지 못했던 과거에는 대학 입시가 불가피하게 '인재 선발의 최종 관문'으로 활용되어 그 중요성과 가치가 높게 인식되었을 수도 있었다. 하지만, 오늘날까지 모든 교육이 대학 입시를 중심으로 운영되는 것은 국가 전체의 교육 철학과 교육 제도의 실종으로밖에는 이해될 수 없다.

정상적인 교육 제도에서는 고등학교까지는 인성 교육과 함께 다양한 교과목들이 학습되고 적성과 능력에 맞춰 '전공과 대학'이 결정되면 대학에서는 전공과 직업 교육이 진행되는데 반해, 우리 사회에서는 고등학교까지의 모든 교육은 대학 입시를 목표로 하고 입시 점수에 따라 '대학과 전공'이 결정되면 더 이상 공부해야 할 목적과 이유를 상실한 채 막상 대학에서는 시간을 헛되이 보내는 경우가 다반사이다.

대학 입시에서 영어 비중이 낮아지면 중고등학교에서의 영어 시간의 중요성도 낮아지고 논술 시험의 유무에 따라 논술 교육의 유무가 결정되곤 하는데, 막상 그러한 교육 내용들이 우리 아이들의 미래에 얼마나 중요하고 개인의 성장에 어떤 영향을 주는지에 대해서는 미처 생각할 겨를도 없이 대학 입시에 휘둘린다. 더구나 세부 지침들도 대학 입시에 적합하도록 조정되어 실제 사회 생활에는 쓸모가 더 떨어지게 되는 것 또한 사실이다.

예를 들어, 중고등학교 시절 국어 과목의 작문과 발표, 영어 과목의 회화 교육 등은 실제 생활에서의 유용성과 관계없이 낮은 객관성과 변별력을 이유로 행해지기 힘들며, 체육은 청소년 시기 육체 및 정신 건강과 성장에 가장 중요한 과목임에도 대학 입시와 관련이 없다는 이유로 항상 소홀히 여겨진다.

이러한 교육 현실에서 학부모와 학생들이 할 수 있는 최선의 방법은 선행 학습이 될 수밖에 없는데, 남들보다 미리 공부하면 학교에서 높은 점수를 손쉽게 딸 수 있기 때문이다. 하지만, 이는 승부에만 집착하는 감독이 어린 운동선수들에게 기본기와 기초 체력은 외면한 채 잔기술만 가르치는 것과 같다. 이 경우 눈앞의 시합에서는 승리할 수 있지만 자칫 몸이 망가져 일찍 선수 생활을 접거나 숨어있는 재능을 제대로 발휘하기도 전에 흥미를 잃어버리게 된다.

공부도 마찬가지이다. 어린 나이에 과도하게 공부에 내몰린 학생들은 학교에서 배우는 재미를 느끼거나 배울 수 없고, 어려운 문제는 잘 푸는데 기본 개념에 대한 이해는 떨어져 정작 공부를 열심히 해야 할 대학에 와서는 전공에 대한 흥미는 물론 학문에 대한 상상력과 열정이 떨어져 점점 낙오되는 경우가 다반사이다.

대학 입시를 이야기할 때 KAIST 교수인 필자는 서울대를 자주 언급하는데, 그 이유는 학부모님들 가운데 대학 입시로 KAIST에 한 맺힌 분은 거의 없지만 서울대에 한이 없는 분 또한 거의 없어 필자가 전하고자 하는 내용들이 심정적으로 더욱 잘 전달되기 때문이다. (단, 대학 입시와 관련되어 서울대가 언급되는 모든 부정적 상황들 속에서 KAIST 도 결코 자유롭지 않다는 사실은 명확히 하고 싶다.)

서울대가 우리나라 최고의 대학으로 학부모와 학생들에게 가장 선호되는 대학이지만, 필자는 안타깝게도 간혹 우리 사회는 서울대(혹은 KAIST)를 우습게 보고 있는 것은 아닌가 하는 생각을 하곤 한다. 아래의 두 장면은 서울대와 하버드에 합격한 학생과 가정을 상상한 모습이다.

장면 1: "엄마, 저 서울대에 합격했어요!" 상상만으로도 가슴이 벅차오른다. 활짝 웃는 아이를 엄마는 꼭 안아주며 말한다. "수고했다." 엄마의 눈에는 이미 눈물이 고여 있고 아이는 힘들었던 중고등학교 시절을 떠올리며 이야기를 이어간다. "엄마, 저 서울대에 가면 운동도 하고 여행도 가고 연애도 하고 싶어요." "그럼, 그래야지." 그동안 흘린 땀과 노력을 생각하면 이러한 대화는 너무도 당연한 것이란 생각이다.

일찍 퇴근하는 아버지의 손에는 케이크가 들려 있고 아이는 아버지에게 엄마에게 했던 이야기를 다시 한다. 그러자 갑자기 아버지가 굳은 얼굴로 말씀하신다. "서울대에 들어가면 앞으로 더 열심히 공부 해야지." 아버지의 정색 어린 반응에 집안 분위기가 갑자기 어색해진다.

장면 2: "엄마, 저 하버드에 합격했어요!" 엄마는 뛸 듯이 기뻐하며 아이를 꼭 안아주고 아이는 자랑스럽게 이야기한다. "지금까지 열심히 공부했으니까 하버드에 가면 운동도 하고 여행도 다니면서 연애도 할 거예요." 장면 1에서는 자연스러웠던 대화 내용이 이상해지는 것을 우리 모두 느낀다. 하버드 합격생 가운데 하버드에 가면 운동하고 여행하고 연애하겠다고 다짐하는 학생이 얼마나 있을까? 저녁에 퇴근하신 아버지는 "하버드에서 살아남을 자신이 있느냐?"며 조심스럽게 이야기하고 아이는 비장한 얼굴로 더욱 굳게 다짐을 할 것 같다.

필자가 기억하는 오래 전 뉴스 중에 한인 학생들의 미국 명문대 중퇴율이 가장 높다는 내용이 있다.[*] 2008년 국내 언론에 보도된 재미동포 김승기 씨의 컬럼비아대학 박사 학위 논문 '한인 명문대생 연구'에 의하면, 하버드, 예일 등 미국 명문대에 입학한 한인 학생 1,400명을 분석한 결과 중퇴율이 44퍼센트로 유대인(12.5퍼센트), 인도인(21.5퍼센트), 중국인(25퍼센트)보다 훨씬 높다고 한다. 해당 논문은 "학부모들의 지나친 입시 위주의 교육 방식이 한인 학생들이 중도에 학업을 포기하게 하는 주된 이유이다"라고 지적했다.

"한인 학생들은 중학생만 돼도 하루의 대부분을 학교나 학원에서 보낸다. 그런 환경 탓에 자율이 보장되는 대학 생활에서 사회가 요구하는 이상적인 인물로 성장하기보다 남보다 뛰어난 학생으로 만족하는 경우가 많다." 결론적으로 어렵사리 미국 명문대에 들어간 한인 학생들은 자율적으로 공부하는 학생들에게 뒤처져서 학업을 포기하는 사례가 많다고 한다.

국내 학생들과 비슷하게 입시 교육에 시달리는 한인 학생들이 막상 대학에 들어가면 졸업률이 떨어지는 추세는 지금까지도 확인되고 있다.[**]

●   SBS 뉴스, '미 명문대 진학한 한인 학생들 절반이 졸업 못해', 2008년 10월 2일

●●   《LA중앙일보》, UC 한인학생 졸업률 하위권…4년내 졸업 60퍼센트에 불과 (2022년 5월 31일, https://news.koreadaily.com/2022/05/31/society/education/20220531214611588.html)

우리가 서울대 합격을 기뻐해야 하는 이유는 그동안의 노력에 대한 보상보다는 서울대에서 만나게 될 훌륭한 교수님들과 엄청난 학습량 그리고 치열하게 경쟁하고 어울릴 쟁쟁한 친구들, 즉 서울대가 줄 수 있는 결코 만만치 않은 최고의 교육을 누릴 수 있는 기회가 제공되었다는 사실이어야 한다.

필자는 서울대가 학생들에게 진정한 학문적 경외의 대상이 되었으면 하는 바람이다. 합격한 학생들이 합격의 기쁨을 만끽하기보다 대학 생활을 성공적으로 견딜 수 있을까 걱정하고 스스로 마음의 준비를 굳게 하게 하는, 그래서 우리나라 1퍼센트의 수재들을 선발해 세계 0.1퍼센트의 인재로 내보내는 명실상부 세계 최고의 대학이 되기를 희망한다.

명문고와 훌륭한 교장 선생님

우리나라에는 '명문고'라 알려진 고등학교들이 제법 있는데 일반적으로 영재고, 과학고, 유명 자사고 등이 거론된다. 그러면 우리 사회는 어떤 기준으로 명문고를 이야기하고 명문고가 되기 위한 조건은 무엇일까? 훌륭한 교육 철학, 우수한 교사진, 충실한 교육 과정, 최신 시설, 쟁쟁한 선배들과 오랜 역사, … 과연 이러한 것들이 오늘날 우리 사회에서 명문고를 판가름하는 조건들일까?

학부모의 한 사람 그리고 한때 입학처장을 역임했던 교수의 시각에서 볼 때 우리나라에서 명문고를 결정하는 것은 안타깝게도 한 가지밖에 없는데 바로 의대와 서울대 합격생 숫자이다. (참고로, 영재고와 과학고의 경우에는 KAIST 합격생 숫자도 중요하게 고려되어 KAIST도 그 책임에서 결코 자유롭지 못하다.) 따라서, 우리나라의 모든 고등학교는 의대와 서울대 합격생 수를 늘이기 위해 최선의 노력을 다하고 그러한 모든 노력들을 우리 사회는 '교육' 혹은 '입시 지도'라 일컫는다.

명문고의 정의와 맞물려 훌륭한 교장 선생님도 비슷하게 정의될 수 있는데 부임 후 의대와 서울대 합격생 수를 늘리면 훌륭한 교장 선생님으로 간주되는 것 같다. 필자가 우리 사회에서 너무도 당연시되는 이러한 교육 현실에 답답해 하고 있었을 때 우연히 신문에서 김응용 야구 감독의 인터뷰 내용을 읽게 되었다.[•] 김응용 감독은 한국 프로야구에서 1,567승을 한 우리나라 최고의 야구 감독이다. "아마추어 야구에 뭐가 필요하다고 보느냐?"는 기자의 질문에 김응용 감독은 다음과 같이 이야기했다.

• 《중앙일보》, '김응용, 한국 야구 역사상 최고의 명감독', 2017년 9월 1일

김응용 감독

출처: 《중앙일보》, 2017년 9월 1일자

기자 질문   아마추어 야구에 뭐가 필요하다고 보시나요?

김응용 감독   우리는 교장실에 우승기를 많이 갖다 놓으면 명문고라고 해요. 아마추어 야구를 하는데 우승이 목표인 게 말이 돼요? 이런 나라는 세상 어디에도 없다고. 미국 학교에 가 보세요. 그 학교 출신 메이저리그 선수들 사진을 걸어놓아요. 학교가 몇 번 우승을 했느냐보다 그 학교에서 훗날 메이저리거가 몇 명 나오느냐가 중요합니다. 학생 야구는 결과보다 과정이 우선시돼야죠. 그래야 학생들 무리 안 시킵니다. 생각이 싹 바뀌어야 해.

한때 우리나라에서 고교 야구의 인기가 매우 높았던 시절이 있었고 전국 각지에는 야구 명문고들이 즐비했었다. 김응용 감독의 인터뷰 내용을 읽기 전까지 고등학교 야구부의 목표는 당연히 전국 대회 우승이라고 막연히 생각하고 있던 필자에게 김응용 감독의 인터뷰 내용은 충격이었다. 그리고 너무 반가웠다. 공부건 운동이건 세상 살아가는 이치와 교육의 목적은 똑같다는 것을 새삼 느꼈다.

그런 와중에 또 하나의 살아있는 전설인 이회택 축구 감독의 인터뷰 내용도 읽게 되었는데, 그가 유독 후배 지도자들에게 강조하는 게 하나 있다고 한다. "열 번의 우승보다 한 명의 대표 선수를 만드는 데 치중해라." 눈앞의 열매보다 한국 축구의 미래를 생각하라는 이야기다.

고등학교 야구부와 축구부의 목표가 우승이 아니고 미래의 훌륭한 선수를 키워내는 것에 있는 것처럼, 명문고의 목표도 서울대, 의대, 혹은 KAIST에 더 많은 합격생을 배출하는 것이 아니고 미래의 훌륭한 인재를 키워내는 것으로 바뀌었으면 하는 바람이다. 눈앞의 우승이나 대학 진학을 목표로 할 때와, 미래의 메이저리거와 훌륭한 인재 양성을 목표로 할 때는 훈련 방법과 교육이 크게 차이가 난다.

우리나라의 명문고가 더 이상 대학 입시 성적에 매달리지 않고 우수한 교육, 훌륭한 선배, 그리고 오랜 역사를 자랑할 수 있게 되기를 바라며, 교장 선생님들도 더 이상 서울대, 의대, 혹은 KAIST에 더 많은 학생들을 입학시켜야 한다는 절체절명의 사명감(?)에서 벗어날 수 있었으면 하는 바람이다. 심지어 교육 당국은 입시가 끝난 후에는 일선 고등학교에 당해 년도 서울대 혹은 의대 합격생 숫자를 요구하기도 한다는데, 이로 인해 일선 고등학교들이 받을 수 있는 쓸데없는 부담감과 함께 자칫 교육 당국의 평가 방향에 대한 잘못된 이해를 초래할까 걱정되기도 한다.

몇 년 전 신문에 반수(대학교를 다니면서 하는 재수)와 관련되어 대학 1학년생 중 휴학 및 자퇴 비율이 높은 대학교 순위가 발표된 적이 있었다.[*] 조심스러운 내용으로 통계를 잡기도 쉽지 않았을 것 같은데 놀랍게도 서울대의 경우 27.3퍼센트의 1학년생들이 휴학 및 자퇴를 한다는 내용이었다.

그 나라 최고의 대학에 진학한 학생 가운데 네 명 중 한 명 꼴로 대학 입시 준비를 다시 한다는 사실이 다소 당혹스럽지만, 우리나라에서는 입시 전략상 나쁘지 않은 선택일 수 있는데 일단 서울대에 학적을 걸어 놓고 더 좋은 학과 혹은 의대 진학을 목표로 한 번 더 기회를 노릴 수 있어서다. 당시 뉴스에 놀란 필자가 가까운 과학고 선생님께 이야기를 했더니, 선생님께서는 "그 학생들이 반수를 해서 서울대나 의대에 합격하면 그 고등학교는 한 번 더 합격자 통계에 포함시킨다"라고 했다.

해당 뉴스가 필자를 더욱 안타깝게 한 것은 결국 서울대 합격생 가운데 전공에 만족하지 않는 학생 비율이 최소 27.3퍼센트 더 나아가 40~50퍼센트까지도 될 수 있다는 사실이었다. 그동안 필자가 가장

---

[*] 《베리타스알파》, '전국 153개 대학 2014년 1학년 휴학·자퇴 현황', 2015년 5월 22일

강조한 것이 "대학에서 열심히 공부해야 한다"는 것이었는데, 서울대 간판을 따기 위해서 자신이 좋아하지 않고 자신의 꿈과 관계없는 전공을 선택한 학생이 서울대에 들어가 과연 공부를 열심히 할 수 있을까 하는 생각은 필자를 더욱 답답하게 만들었다.

사랑은 없고 조건만 보고 하는 결혼이 대부분 행복한 결혼 생활로 이어지기 힘든 이유는 너무 당연하게도 결혼 생활에서 가장 중요한 '사랑'이 시작부터 빠져 있기 때문이다. 한평생 자신의 꿈을 실현하고 인생의 많은 시간을 할애할 직업 선택에 있어 '전공'은 결혼 생활에서의 '사랑'과 같다. 좋아하지 않는 전공을 선택한 학생은 공부를 열심히 할 이유를 찾기 힘들고 그로 인해 사회에 나가 경쟁력을 발휘할 수 없으며 자신의 꿈 그리고 행복한 삶에서 멀어지게 된다.

우리 교육 제도가 구조적으로 학생들의 전공 만족도를 낮추고 대학에서 더 이상 공부를 열심히 하지 못하도록 설계되어 있는 것은 아닌지, 그로 인해 사회에 나가 전공과 동떨어진 일을 하며 자신의 꿈과 점점 더 멀어지게 만드는 것은 아닌지 우리 사회가 함께 심각하게 고민했으면 한다.

2022년 《블룸버그》에는 "과거 한국의 경제 성장을 이끌었던 교육의 성공이 이제는 국가 발전을 가로막는 장애물이 되었다"는 기사가 실렸다.[*] 비교 대상인 OECD 15개 국가 중 우리나라의 '교육 비용 대

---

[*] 《블룸버그》, 'South Korea's Education Success Is Faltering in Evolving Economy', 2022년 11월 14일

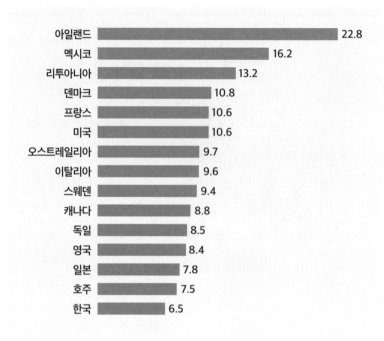

아일랜드	22.8
멕시코	16.2
리투아니아	13.2
덴마크	10.8
프랑스	10.6
미국	10.6
오스트레일리아	9.7
이탈리아	9.6
스웨덴	9.4
캐나다	8.8
독일	8.5
영국	8.4
일본	7.8
호주	7.5
한국	6.5

OECD 국가의 교육 비용 대비 경제 효과

출처: OECD(《블룸버그》 2022년 11월 14일 재인용)

비 경제 효과'*는 꼴찌로 일등인 아일랜드의 30퍼센트도 못 되었다.

지나친 사교육, 일류 대학에 대한 집착, 그리고 높은 청소년 자살률 등에 대한 언급과 함께, 교육에 일찍 지쳐버린 우리나라의 젊은이들은 막상 사회에 나가서는 자기 계발을 소홀히 해 OECD 국가 중 인

---

*   Ratio of GDP per employee to education spending per student

지 능력이 가장 빠른 속도로 떨어진다고 한다. 또한 대학 졸업생 절반 이상이 전공과 관련이 없는 직종에 종사하고 기업 종사자의 3분의 2가 전공과 연관성이 없는 업무를 수행한다는 내용도 있다.

SKY 캐슬

조선시대 어느 마을에 학문이 깊고 덕망이 높은 스승이 있어 마을에는 과거에 급제하는 젊은 제자들이 연이어 배출되었다. 어느 날 지방 원님으로 떠나는 제자가 훌륭한 관리가 되는 길에 대한 가르침을 받으면서 스승에게 질문을 던졌다. "백성들의 작은 잘못은 눈감아 주어도 되는지요?" "절대 안 된다." "백 냥을 받고 잘못을 눈감아 주어도 되는지요?" "안 된다." "만 냥을 받고는 잘못을 눈감아 주어도 되는지요?" "… 조심해서 받아라."

그리고 스승은 덧붙여 말했다. "그래서 훌륭한 관리가 되기 힘든 것이고 돈이 무서운 것이다." 어쩌면 스승은 앞길이 창창한 젊은 제자에게 역설적으로 올바른 힘과 유혹의 무서움을 이야기한 것 같다. 인생을 살다 보면 양심에 걸려 다소 불편한 마음으로 못 본 척 지나치거나 조심스레 남의 눈을 피해 부정을 저지르고 혹은 자신의 힘과 권한을 이용해 불법적인 일을 할 수 있을 때가 있다. 그런데 만일 그런 행동으로 큰 이득이 생기는 경우 '만 냥' 앞에 선 젊은 원님과 같이 그

드라마 《SKY 캐슬》

출처: SBS

유혹을 가볍게 뿌리치기는 쉽지 않다.

몇 년 전에 방영된 TV 드라마 가운데 우리 사회를 떠들썩하게 만들었던 《SKY 캐슬》이 있다. 자녀들의 의대와 일류 대학 진학에 목을 매는 상류 사회의 모습을 묘사한 내용으로, 사회적 반향이 컸던 이유는 수단과 방법을 가리지 않고 매진하는 모습들이 나름 개연성이 있고 많은 시청자들이 드라마를 보면서 "정말 저럴 수 있겠구나" 하는 심적 동조에서 비롯된 것 같다.

다른 각도에서 최근에 대학 입시와 관련되어 우리 사회를 시끄럽게 했던 사건으로는 서울 강남의 고등학교 교사 그리고 장관에 임용된 대학교수와 관련된 사건들이 있다. 고등학교 교사와 관련된 사건은 자신이 재직하고 있는 학교에 재학 중인 자녀들에게 시험 답안지를 미리 유출했다는 것이고, 대학교수와 관련된 사건은 자녀들의 대학(원) 진학을 위해서 표창장과 논문 등을 준비하면서 허위 혹은 부정한 방법을 사용했다는 것이다.

향후 법적 절차를 통해서 시시비비가 판가름난다 하더라도 진정한 사실 여부에 대해서는 당사자들 외에는 쉽게 알 수 없을 것 같은데, 필자가 언급하고자 하는 바도 사건의 진실 여부가 아니고 그 사건에 대한 사회적인 심적 동조, 즉《SKY 캐슬》의 내용처럼 실제로 그렇지 않았겠느냐 하는 사람들의 생각이다.

몇 년 전 실시된 한국 청소년들의 윤리 의식 조사에 따르면, "10억 원이 생긴다면 죄를 짓고 감옥에 가도 괜찮다"고 생각하는 고등학생의 비율이 57퍼센트로 2명 중 1명 꼴이었다.[*] 학년이 높아질수록 청소년들의 윤리 의식이 더욱 떨어지고 입시 위주의 교육으로 학생들의 윤리 의식이 황폐화되고 있다고 했다.

이러한 모든 상황에서 우리 사회가 추구해야 하는 것은 젊은 제자와 고등학생들의 윤리 의식을 높이는 노력과 함께, 젊은 원님이 만 냥을 받고 잘못을 눈감아 주거나 혹은 눈 한번 딱 감고 죄를 지으면 큰 이득이 생기는 상황이 발생하지 않도록 사회를 더 투명하게 만들고 제도를 올바르게 갖추는 일일 것이다.

초등학교 자녀에게 다음 날 시험 볼 받아쓰기 정답지를 가져다 주는 부모는 없다. 그렇게 해서 올라간 성적은 아무것도 아니고 오히려 아이에게 해가 된다는 것을 잘 알고 있기 때문이다. 따라서 사람들은 그런 상황과 가능성에 전혀 개의치 않고 실제로 발생하지 않으며 발

---

[*] 《중앙일보》, '10억 준다면 감옥 가도 괜찮아?', 2021년 7월 23일 보도에 따르면, 2019년 흥사단 투명사회운동본부 조사 결과, '괜찮다'는 답변이 초등학생 23퍼센트, 중학생 42퍼센트, 고등학생 57퍼센트.

생하더라도 사회적 문제가 되는 일은 없다.

마찬가지로 부모님들은 초등학교 교장 선생님의 표창장을 위조하지 않으며 위조한 표창장을 아이 손에 쥐어 주지 않는다. 그러한 행위는 가족 간의 신뢰를 깨뜨리고 가족 모두를 공범으로 만들 뿐만 아니라 철이 들어가는 아이들의 눈길을 견딜 수 있는 부모들도 많지 않을 것이다. 그리고 초등학교 교장 선생님의 표창장이 큰 효력을 발휘하는 곳이 우리 사회에 존재하지 않는 것도 이유가 될 수 있다.

이 모든 논란 속에서 '대학 입시'는 우리 사회에서 눈 한번 딱 감고 넘어갈 수 있는 '만 냥'과도 같은 존재로 어쩌면 대학 입시 앞에서는 부모와 아이들은 수단과 방법을 가리지 않아도 된다고 생각하는 것은 아닐까. 즉, 대학 입시 앞에서는 부모가 자녀에게 답안지를 미리 가져다 줄 수 있으며 위조한 표창장을 아이 손에 쥐어 줄 수 있다는 것이 불행하게도 우리 사회가 심적으로 동조할 수 있는 사안인 것이다.

두 가지 사건 이후 필자에게 대학 입시에 대해서 문의를 하는 사람들이 종종 있었다. "정시와 수시의 비율이 얼마면 좋겠느냐?" "수시에 대한 해결책은 없느냐?" 등등. 필자의 의견은 간단하다. 우리 사회가 대학 입시에 전적으로 목을 매고 국가와 교육 당국이 교육에 대한 기본 철학이 없는 현 상황에서는, 어떠한 입시 제도를 도입하고 어떻게 개선한다 하더라도 거기에 맞춰서 새로운 편법과 탈법이 나올 수밖에 없다는 것이다. 몸 안의 병은 내버려둔 채 해열제만 먹을 경우 잠시 내려간 열이 당연히 다시 오르는 것과 같은 이치로.

만 냥 앞에서는 앞 길이 창창한 젊은 원님도 망설이고 때로는 불의한 선택을 할 수 있지만 열 냥 앞에서는 어떠한 관리도 불의한 선택은 하지 않는다. 오늘날 우리 사회에서 대학 입시로 인해 야기되는 사회적 불의함을 없애는 방법은 대학 입시가 차지하고 있는 위상을 '만 냥'에서 '열 냥'으로 낮추는 것이다. 과거 대학 진학률이 낮고 대학 교육이 제대로 이루어지지 못했던 시절에는 대학 간판이 중요했고 그로 인해 대학 입시가 만 냥의 가치를 가졌던 때도 분명 있었다.

하지만, 대학 교육이 보편화되고 제대로 자리잡은 오늘날 더 나아가 고등학교 졸업생 수가 대학 정원보다 적어져 문을 닫는 대학들이 속출하는 현 시대에 대학 입시는 더 이상 만 냥일 수 없으며 빠른 시일 안에 '열 냥'의 가치로 제자리를 찾아 낮아져야 한다. 진정 우리 사회는 '대학을 가기 위해 공부하는 사회'에서 '공부하기 위해 대학을 가는 사회'로 변해야 하며, 이를 위해 교육 제도의 변화는 불가피한 선택을 넘어 절체절명의 국가 과제로 다가왔다.

영재고와 알파고

우리나라 최고의 고등학교인 영재 학교는 '영재 교육 진흥법'에 의해서 설립된 학교로 통상적으로 '영재고'로 불리운다. 필자가 영재고에서 강연을 시작하면서 던지는 첫 질문은 "곰탕, 칼국수, 영재고의 공통점은 무엇인가?"이다. 정답은 '없다'인데, 곰탕에 곰이 없고 칼국수에 칼이 없듯이 영재고에 영재가 없다는 의미이다. 학생들도 깔깔웃으면서 강연은 시작되지만 학생들도 필자의 의도를 충분히 이해하고 있는 듯하다.

우리 사회는 영재 교육을 어떻게 하고 있는지? 혹 영재 교육이라는 이름으로 우리 사회의 영재들을 오히려 망치고 있는 것은 아닌지? 최고의 입시 명문고로 굳건하게 자리잡은 영재고의 현실을 보고 있노라면 가슴이 답답하다.

영재는 영어로 'gifted kid', 즉 태어날 때부터 선천적인 재능을 받고 난 아이를 일컫는다. 그런 의미로 볼 때 모든 아이들은 영재들이다. 어느 누구도 선천적인 재능 없이 태어난 사람은 없기 때문이다. 물론 피겨 스케이팅의 김연아, 축구의 손흥민, 바둑의 이세돌과 같이 특정 분야에 뛰어난 재능과 엄청난 노력을 통해 더욱 좋은 결과를 달성하는 경우도 있지만 기본적으로 모든 아이들은 자기들만의 재능을 타고난다.

그림을 잘 그리는 아이, 달리기가 빠른 아이, 노래를 잘 부르는 아이, 수학 문제를 잘 푸는 아이, 공을 잘 차는 아이, 남을 잘 웃기는 아이, 글 솜씨가 좋은 아이, 그리고 더 나아가 아직 아무도 발견하지 못한 재능을 가지고 있는 아이 등.

교육의 가장 중요한 목적은 아이들의 타고난 재능이 더욱 잘 발전할 수 있도록 도움을 주는 것이다. 또한 영재성의 차이와 함께 영재성이 나타나는 시기에도 차이가 있다는 것을 고려할 때 특화된 영재성을 위한 교육은 물론 숨어있는 재능을 찾아주는 교육의 역할도 결코 무시될 수 없으며 오히려 더욱 중요하지 않을까 싶다.

우리나라의 과학 영재 교육은 1983년 경기 과학고의 설립으로 시작되었는데, 차츰 그 수가 증가되면서 오늘날 20개의 과학고는 입시 명문고 집단으로 자리잡고 있다. 2003년 한국과학영재학교*는 당초 대학 입시와 무관한 순수 영재 교육을 목적으로 설립되었으나 차츰 영재고 숫자가 늘어나면서 오늘날 8개의 영재고는 최고의 입시 명문고 집단이 되었다. 어쩌면 또다시 '천재 교육 진흥법'을 제정하여 '천재고'를 새롭게 하나 만들어야 하나 하는 생각이 필자의 마음을 착잡하게 한다.

오늘날 전국에 있는 8개의 영재고와 20개의 과학고를 바라볼 때, 필자는 과학자, 교수, 입학처장, 그리고 학부모의 한 사람으로 올바른 과학 영재 교육은 힘들 것 같다는 생각이다. 1~2개의 과학고 혹은 영재고가 있는 경우에는 소수의 특별한 영재들만이 관심을 갖고 진학하며, 해당 학교에서도 대학 입시와 관계없이 선발된 학생들을 위한 맞춤식 교육이 가능할 수 있다. 참고로, 필자가 생각하는 영재 교육은 입시를 위한 '수월성 교육'보다는 일반 학교에서 적응하기 힘든 학생

---

* KAIST 부설 기관으로 교육부 소속인 다른 영재 학교들과 달리 과학기술부 소속이다. KSA 혹은 '한과영'으로 불리운다.

들을 위한 '특수 교육'에 더 가깝다.

하지만, 그 숫자가 많아져 계층이 생기고 계층 간에 순위가 매겨지게 되는 경우, 모든 학생들은 관심이나 재능을 떠나 상위 계층에 들어가고자 해서 '고교 입시 부활'이라는 단순 결과로 귀결되어진 것이 오늘날 우리나라 영재 교육의 현실이 아닐까 싶다. 우리나라 고등학교는 6개의 과학 영재고, 2개의 과학 예술 영재고, 20개의 과학고, 자사고, 일반고 순으로 이미 계층이 나누어져버렸다. 이로 인해 아이들은 상위 계층의 고등학교에 진학하기 위해서 초등학교 때부터 학원으로 내몰리고, 과도한 선행 학습과 왜곡된 교육 환경 속에서 우리 사회의 귀한 영재들은 일찍부터 망가지기 시작한다.

더욱 모순된 점은 우리나라의 중학교에서는 '성취 평가제'를 시행하고 있다는 점이다. 성취 평가제는 점수를 바탕으로 성적이나 서열을 매기지 않고 성취 기준에 도달한 정도에 따라 크게 A, B, C, D, E로 평가하는 방식인데, 상반되는 중학교의 성취 평가제와 고교 서열화로 인해 결국 교육 당국이 앞장서서 우리 아이들을 학원가로 더욱 내몰고 있는 셈이 되었다.

중국에 '모죽'이라는 대나무가 있다고 한다. 이 대나무는 처음 5년 동안은 아무리 가꾸어도 자라지 않고 3cm 크기의 새싹만 보이다가, 어느 날부터 하루에 70~80cm씩 쑥쑥 자라기 시작해 나중에는 30m까지 자란다고 한다. 모죽을 몰라보는 사람들은 5년 동안 자라지 않는 대나무는 거들떠보지도 않고 어쩌면 일찌감치 뽑아버릴지도 모른다. 그래서, 우리나라의 교육 환경에서는 모죽과 같은 영재들은 살아남을 수 없다.

필자는 영재고와 과학고 학생들을 볼 때면 간혹 '웃자라다'라는 단어를 떠올리곤 한다. '웃자라다'를 사전에서 찾아보면 "쓸데없이 보통 이상으로 많이 자라 연약하게 되다"라는 뜻을 가지고 있다. 오늘날 우리의 교육 제도가 모죽과 같은 영재는 알아보지 못하고, 가만히 놔두면 더욱 잘 자랄 어린 나무들에게 화학 비료만 쏟아부어 웃자라게 하고 있는 것은 아닐까. KAIST도 이런 교육 제도의 중요한 참여자로서 그 책임에서 결코 자유로울 수 없다는 사실이 필자의 마음을 더욱 무겁게 한다.

2016년 구글이 만든 AI 바둑 프로그램 '알파고'와 이세돌 9단과의 바둑 경기가 온 세상의 주목을 받았다. 덕분에 많은 사람들이 AI에 대해서 많은 관심을 갖게 되었는데, 혹자는 AI의 미래에 대해서 경이로움을 넘어 두려움마저 갖게 되었다고 한다.

필자가 이 와중에 관심을 갖게 된 사람은 알파고를 만든 데미스 허사비스Demis Hassabis다. 어릴 적부터 체스 천재였던 그는 13세에 세계 체스 대회에서 2등까지 올랐다. 이후 게임 회사에 들어가 게임 개발자로 경험을 쌓고 학교로 돌아와 영국 케임브리지 대학교에서 컴퓨터 공학으로 학사를 마치고 다시 게임 사업을 하면서 런던 대학에서 뇌 과학으로 박사 학위를 받았다.

우리 사회가 기대하고 키우고 싶은 과학 영재는 이런 모습이 아닐까? 하지만 13세에 체스에 빠져 있는 아이, 15세에 게임 개발자가 되는 아이, 그리고 그 모든 것을 바라보고 허락하는 부모, 다시 돌아와 컴퓨터공학과 뇌과학을 공부할 수 있게 하는 대학교. 어느 것 하나 가능할 것 없는 우리의 교육 현실에서 우리 사회는 성공한 데미스 허사비스만을 이야기하고 알파고의 산업적 가치를 논한다. 우리 사회의 데미스 허사비스들은 초등학교부터 학원에 가서 밤늦게까지 어려운 수학, 과학 문제를 풀기 시작하는데 체스를 배우거나 게임 개발자가 되는 것은 상상도 할 수 없는 일이다.

초등학교 6학년 때 고등학교 수학 참고서를 공부하는 우리 사회의 영재들은 영재고와 과학고에 들어가 또다시 선행으로 대학 수학까지 공부한다지만, 그 모습을 바라보는 필자는 기특함보다는 안쓰러운 마음이 앞선다. 데미스 허사비스가 만든 스타트업 딥마인드는 구글에 7,000억 원에 인수되어 데미스 허사비스는 38세에 큰 부자가 되었고 구글은 홍보 효과만으로도 이미 엄청난 이익을 보았다고 한다.[*] 우리나라도 언제쯤이면 데미스 허사비스와 같은 과학 영재를 키우는 교육 여건, 딥마인드 같은 회사를 키우는 벤처 생태계, 구글과 같이 먼 미래를 보고 투자하고 상생하는 대기업들이 나올 수 있을까 막연한 기대를 해본다.

- 《동아사이언스》, '구글이 알파고 개발한 '딥마인드'에 7000억 원을 투자한 까닭은?', 2016년 3월 11일

학교가 학원을 이길 수 없는 이유

흔히 "우리 사회에서 공교육은 무너졌다"라는 말을 자주 듣곤 하는데 필자가 현장을 직접 목격한 상황은 다음과 같다. 몇 년 전 필자가 지역의 한 중학교를 방문할 기회가 있었다. 중학교 교정에는 인조 잔디가 보기 좋게 깔려 있었고 멀리 보이는 건물 안 교실에는 학생들이 하나 둘 자유롭게 오가는 모습도 보였다. '쉬는 시간이나 자율 학습 시간이겠구나' 생각하며 가까이 다가간 필자는 적잖이 충격을 받았는데, 20여 명의 학생들이 수업 중인 교실에서 선생님 말씀에 집중하고 있는 학생들은 서넛, 몇 명은 누워서 잠을 청하는 듯했고 다른 학생들은 산만하게 딴짓을 하고 있었다.

한편으로 자유로운 분위기라 이해할 수도 있겠지만, 필자의 중고등학교 시절 좁은 교실에 촘촘히 앉은 대부분의 학생들은 칠판을 주시하고 산만한 학생들에게는 선생님이 주의를 주시던 모습, 혹은 KAIST의 몰입된 강의실 분위기에 익숙해 있던 필자에게는 다소 충격적인 광경이었다. 참고로, 필자가 방문했던 중학교는 학원가 근처의 통상 좋은 학군으로 아파트 시세도 상대적으로 높은 동네에 있었다.

세상이 변해서 그러려니 하는 생각도 있겠지만, 필자는 같은 지역의 늦은 밤 학원가 풍경은 낮 시간 학교 교실 분위기와는 사뭇 다르다는 것을 잘 알고 있다. 학생들은 좁은 학원 강의실에 빽빽이 앉아 학원 선생님의 말씀에 집중하고, 학원이 끝나는 늦은 밤 시간이면 공부하다 지친 아이들을 실어 나르는 부모님들의 차량 행렬로 교통 혼잡이 일어나곤 한다.

KAIST 입학처장 시절 면담했던 우수 신입생들 가운데 공부를 잘하게 된 이유로 학원 선생님을 언급하는 경우가 많았다는 사실도 언급하고 싶다. 심지어 학원에서는 학생들에게 "학교에서는 쉬고 학원에 와서 열심히 공부해야 한다"며 현실적인(?) 지침을 주기도 한다는데, 입시가 끝나면 유명 학원 복도에는 합격한 학생들과 학부모들이 감사의 마음으로 보내온 꽃 화분들이 즐비하게 늘어선다.

통계청과 교육부 자료에 따르면 2022년 우리나라의 사교육 시장은 26조 원으로 조사 대상의 78.3퍼센트가 사교육을 받고 있고 학생 1인당 월 평균 사교육비는 52만 4천 원이라고 한다.* 즉, 두 자녀를 둔 가정을 기준으로 연 1,250만 원의 사교육비가 지출되는 셈인데, 학교 교육만으로 충분한 교육을 받고 대학에 진학할 수 있다면 집집마다 연 1,000여만 원의 여윳돈이 생기는 셈이다.

필자도 우리 교육의 현실에서 선택의 여지가 없는 학부모의 한 사람으로서 사교육비로 인해 많은 경제적인 부담감을 느꼈었다. 참고로, 사교육비가 부담된다는 국민은 2020년 94퍼센트로 이는 2001년

---

* 《연합뉴스》, '학원으로 몰린 코로나 세대… 작년 사교육비 26조 역대 최대', 2023년 3월 7일, ref. 통계청 '2022년 초중고 사교육비 조사'

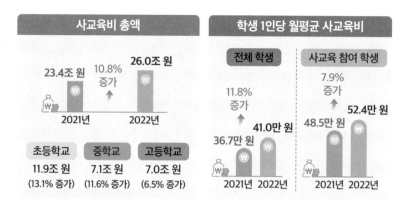

사교육비 총액	학생 1인당 월평균 사교육비

23.4조 원　10.8% 증가　26.0조 원

2021년　2022년

초등학교	중학교	고등학교
11.9조 원	7.1조 원	7.0조 원
(13.1% 증가)	(11.6% 증가)	(6.5% 증가)

전체 학생　사교육 참여 학생

11.8% 증가　7.9% 증가

36.7만 원　41.0만 원　48.5만 원　52.4만 원

2021년 2022년　2021년 2022년

사교육 총액 및 학생 1인당 월평균 사교육 추이

출처: 교육부·통계청, '2022년 초중고 사교육비 조사 결과'

대비 12.8퍼센트 증가한 수치다.[*]

필자는 오늘날 우리나라 교육 상황에서 '학교는 학원을 결코 이길 수 없고 그래서 공교육은 무너질 수밖에 없다'고 주장하는데 그 이유는 '교육 기관인 학교'와 '입시 준비 기관인 학원'이 '입시 준비의 장'에서 경쟁을 하고 있어서다. 우리 사회와 교육당국이 교육을 대학 입시 준비로만 이해하고 인식하고 있는 한 어쩌면 너무도 당연한 결론인 셈이다.

---

[*]　EBS 뉴스, '사교육비 부담 94퍼센트… 20년 새 10퍼센트 넘게 뛰어', 2023년 1월 5일

한편으로 KAIST에서 필자는 우리 사회에서 사교육으로 잘 훈련된 학생들을 만나고 있지만 학년이 올라가고 대학원에 진학하거나 사회에 진출할 때는 사교육으로 다져진 것들이 점점 용 잡는 방법들과 같은 모래성이라는 것도 잘 알고 있다. 이는 마라톤 출발선에서 제일 먼저 빠르게 뛰어나가는 행동이 최종 승부와는 아무런 상관이 없고 오히려 페이스를 망가뜨려 완주를 못하게 하는 상황과 유사하다.

미국 실리콘밸리 애플 연구소에 있는 A박사는 필자가 우리 교육과 관련해 자주 언급하는 제자 중 하나이다. 오래전 필자의 연구실이 나름 인기가 있어 매년 많은 학생들이 지원했는데 그 가운데에서 1~2명을 대학원생으로 선택하는 일은 쉬운 일이 아니었다.

함께 지원한 학생 중에는 영재고를 졸업하고 KAIST에서 높은 학점과 좋은 스펙을 내세우는 경우도 있었지만 필자가 A군을 선택한 이유는 다음과 같다. 시골에서 중고등학교 시절을 보낸 A군은 지방의 B대학에 입학했는데, 군 복무를 마친 후 뒤늦게 공부에 전념해 우수한 성적으로 B대학을 졸업하고 KAIST 대학원에 입학한 경우였다. 특히, 중학교 시절 학교 당구 선수로 평균 점수가 400이었다는 대목은 필자의 관심을 끌기에 충분했다.

중고등학교 시절 공부만 하고 어려운 문제만 풀었을 다른 학생들과 비교해 A군은 나름 '제대로' 교육을 받았고 '실컷 놀았을 것 같다'는 기대가 있었다. 대학원에 진학한 A군은 필자의 기대를 저버리지 않고 열심히 연구를 해 필자의 첫 《네이처 Nature》 논문 1저자가 되었고, KAIST 박사 후에는 칼텍*에서 포스트닥**을 한 후에 애플 연구소에 들어갔다. 더불어 필자가 A군이 제대로 교육을 받았다고 언급한 것은 역설적으로 A군이 중고등학교 시절 공부에 뜻이 없어 스트레스 없이 하고 싶은 것을 하며 다양한 경험을 했을 것 같아서다. 하나의 사례를 일반화한다는 반론에 대해서 필자가 덧붙이고 싶은 것은 이런 사례가 필자의 오랜 교육 경험에서 결코 적지 않다는 점이다.

대학 입시가 인생의 목표인 학생들은 중고등학교 시절 사회에 나가서 크게 써먹을 데 없는 내용들을 어렵게 풀고 암기하면서 귀중한 시간을 보낸다. 혹 대학에서는 유용하게 써먹을 것이란 기대가 있을 수 있겠지만 교수인 필자는 "아니다"고 분명히 말한다. 더구나 즐거워야 할 배움의 중고등학교 시절이 인고와 고통의 시간이었던 학생들은 대학에 들어오면 목표를 상실하거나 처음 주어진 해방감에 방황하는 경우도 일상이다.

이제 학교는 진정한 교육의 장으로 돌아가야 한다. 필자는 그럴 수 없는 현실에서 많은 선생님들이 교육 현장에서 고민하고 갈등하고 있으시다는 것도 잘 알고 있다. 정보와 지식이 넘치고 빠르게 변화하는 오늘날 무엇보다 중요한 것은 학생들에게 배움의 즐거움을 가르쳐 우

---

* California Institute of Technology, 미국 캘리포니아에 있는 연구 중심 대학으로 소수 정예의 가장 들어가기 힘든 대학으로 유명하며 79명의 노벨상 수상자를 배출했다.

** Post Dr., Postdoctoral researcher, 박사 학위 후 후속 연구 혹은 새로운 연구 경험을 위해서 대학 혹은 연구소 등에서 연구하는 사람으로 '박사후연구원'이라 불리운다.

리 아이들이 미래를 스스로 대비할 수 있도록 하는 것이다.

즉, 학생들의 머릿속에 과거의 지식을 잔뜩 집어넣는 것보다 더 중요한 것은 학생 스스로 새로운 지식을 찾아 나갈 수 있는 능력을 키워주고 마음가짐을 심어주는 것이다. 4차 산업혁명으로 촉발된 교육 변혁의 필요성은 인구절벽과 코로나 팬데믹으로 인해 이제 더 이상 피할 수 없게 되었다.

우리 교육은 아직도 식민지 교육*

대학에서 학생들을 가르치고 아이들을 학교에 보내면서 우리의 교육 현실을 바라보고 있자면, 간혹 우리 교육은 아직도 식민지 시대에 머물고 있지 않은가 하는 암울한 생각을 떨칠 수 없다. 만일 100여 년 전 과거에 역사가 '뒤바뀌어' 대한 제국이 일본을 식민지로 삼고 고종황제가 필자에게 "식민지 일본의 교육을 설계하라"고 명을 내렸다면, 필자는 아래와 같이 '제국주의의 왜곡된 시각'으로 설계하지 않았을까 하는 황당한 상상을 해본다.

---

* 식민 통치의 일환으로 식민지 주민들에게 실시하는 교육. 식민지 교육의 특징은 식민지 주민들에게 민족적 열등의식을 주입시키고 식민지 지배자를 수용하고 존경하도록 만든다. 민족과 개인의 정상적 발전을 억압하는 '우민 정책'에 기반을 둔다.

필자가 설계하는 제국주의적 식민지 교육

첫째, 학교에서는 많이 생각하고 질문하게 하는 것보다 많은 지식을 주입하고 반복적으로 외우게 하는 방식을 통해 '낮은 단계의 생산성'을 극대화할 수 있는 사람을 육성한다. 점령국 국민은 미래를 상상하고 새로운 세상을 만들며 혁신을 통해 사회를 도약시키는 역할을 하지만, 식민지 백성들은 많은 양의 주어진 임무를 성실하고 빠르게 그리고 실수 없이 수행하는 역할만을 맡기 때문이다.

둘째, 학생들을 촘촘한 규칙 속에서 엄하게 지도한다. 식민지 학생에게는 올바른 규칙에 대한 이해와 공감, 혹은 규칙을 함께 만들어가는 과정을 통해 배우는 사회적 책임감보다는 스스로 책임지지 않는 맹목적인 복종심만을 심어주는 교육이 요구된다. 즉, 식민지 백성은 사회를 책임지는 공동체 구성원이 될 수 없다.

셋째, 개인만을 생각하는 엘리트 양성을 목표로 경쟁과 선발 중심의 '솎아버리는 교육 제도'를 확립한다. 식민지 교육의 목적은 지도자 혹은 올바른 시민 육성이 아니고, 효율적인 식민지 지배를 위해 식민지 백성 위에 군림할 소수의 중간 관리자 양성이다. 따라서, 학교는 선생님과 학생들이 함께 가르치고 배우는 '즐거운 배움의 장소'가 아니고, 선발 과정에 필요한 내용을 주입하고 경쟁을 시키는 '치열한 시험 준비의 장소'가 되도록 한다.

일제강점기 교육 현장

출처: 《크리스천 투데이》 2018년 4월 13일

넷째, 책임감, 사명감, 협동심보다는 경쟁에서의 우월성, 성실함, 개인 주의를 강조한다. 식민지 엘리트들을 선발하고 육성하는 데 있어 대학 을 비롯한 모든 교육 기관들을 단순 서열화시켜, 선발된 소수의 학생들 에게는 우월 의식을 심어주고 탈락한 학생들에게는 패배감과 열등감을 심어주어 소수의 식민지 엘리트를 이용한 식민 지배를 보다 용이하게 한다.

황당한 상상의 날개를 더욱 펼치면서 보다 구체적인 교과목 설계 를 하면 다음과 같다.

식민지 교육 프로그램의 세부사항

국어 - 국어 교육의 핵심은 말하기, 듣기, 쓰기, 읽기이지만 식민지 백성에게 창의적인 글쓰기, 자신의 의견을 피력하고 타인과 토론하는 말하기와 듣기, 자신의 인격과 지식의 깊이를 더하는 책 읽기는 중요하지 않다. 점령국 학생들은 창의적인 작가, 토론과 연설을 통해 다른 사람을 설득하는 정치가, 깊은 철학적 소양을 가진 지성인으로의 육성이 목표인 데 반해, 식민지 학생들은 주어진 명령문을 잘 이해하고 올바르게 실행하는 능력 개발에 초점을 맞춘다. 결론적으로 짧은 지문을 읽고 명령한 사람이 의도한 주제를 빠르고 정확하게 파악하는 훈련을 반복적으로 학습시킨다.

체육 - 운동 경기를 직접 경험하거나 팀워크를 배우고 스포츠맨십을 익히는 기회는 가급적 최소화한다. 특히, 몸과 마음이 자라는 청소년 시기의 체육 활동을 최소화하여 식민지 학생들의 몸과 마음을 심약하게 만들고 운동 경기에서는 경쟁을 강조하여 학생들 스스로 즐기기보다는 승부에만 더욱 집착하도록 한다. 운동 신경이 뛰어난 학생들은 운동선수로 육성할 수 있으나 가급적 학업 기회를 최소화하여 어떠한 경우에도 지식과 체력을 골고루 갖춘 전인적인 인재들이 양성될 수 없도록 한다.

수학 - 식민지 백성들을 효과적으로 부려먹기 위해서 수학 교육은 매우 중요하다. 다만, 올바른 개념을 바탕으로 과학기술과 사회 현상에 수학 이론을 적용시키거나 새로운 해결 방법을 찾아내는 능력보다는,

주어진 많은 문제를 빠르고 정확하게 해결하는 능력에 초점을 맞춘다. 이를 위해 반복 학습과 기계식 문제풀이 더 나아가 암기식 수학 교육이 강조될 수 있다. 식민지 백성들에게는 문제의 핵심을 파악하는 능력보다는 단편적으로 주어지는 과제를 실수 없이 빠르게 실행하는 능력이 중요하기 때문이다. 때론 불필요하게 난이도를 높여 많은 학생들이 일찌감치 학업을 포기하게 만드는 것도 용인될 수 있다.

영어 – 외국어로 전해지는 명령문들을 빠르고 정확하게 이해할 수 있도록, 짧고 어려운 지문에 대한 정확한 독해 교육을 최우선으로 하며 그를 위한 암기 교육에 중점을 둔다. 국어 교육과 같이 말하기, 듣기, 쓰기, 읽기 교육은 가급적 지양하는데, 식민지 백성이 감히 외국인들과 직접 대화를 나누거나 혹은 자신의 생각을 말과 글로 외국인에게 직접 전할 수 있는 능력을 갖는 것은 허용될 수 없기 때문이다.

도덕 – 점령국 학생들에게는 참된 인성을 가진 올바른 시민 육성이 중요한 교육 목적이 될 수 있으나 식민지 학생들의 경우에는 그러한 노력이 전혀 필요치 않다. 따라서 도덕과 철학 교육이 필요한 경우 탁상공론 혹은 뜬구름 잡는 이론 중심의 수업 방식을 택하며 청소년 시기에 필요한 바른 인생관과 가치관 확립을 위한 토론 및 논술 교육은 지양한다. 대안으로 암기식 교육과 단답형 혹은 사지선다형 시험 방법 등이 모색될 수 있다.

이런 황당한 상상을 하면서 필자 스스로 아찔한 느낌을 가지게 되는 이유는 어쩌면 오늘날 우리의 교육 현실이 상상 속 내용과 다소 일치하고 있는 것은 아닌가 하는 불편한 마음이 들어서다. 우리 사회와 교육계에 회자되어온 일제강점기 마지막 조선 총독이었던 아베 노부유키가 했다는 이야기가 있다. "우리는 패했지만 조선은 승리한 것이 아니다. 우리

아베 노부유키
출처: 위키피디아

일본은 조선인에게 총과 대포보다 무서운 식민 교육을 심어 놓았다. 결국은 서로 이간질하며 노예적 삶을 살 것이다. 조선은 결국 식민 교육의 노예로 전락할 것이다."

쫓겨가는 마지막 일본 총독의 악담으로 발언의 진위 여부는 확실치 않지만, 그 섬뜩한 내용이 우리 교육과 무관하다고 쉽게 넘기기에는 우리 교육에 대한 안타까움과 잘못된 교육 제도로 인한 사회적 부담이 너무 크다는 사실이 우리 모두를 힘들게 한다.

조상 탓, 나라님 탓

우리 속담에 '안되면 조상 탓'이란 말이 있다. 일이 잘 안될 때 남에

게 책임을 전가하는 경우를 일컫는데, 필자는 우리 교육을 바라볼 때면 '조상 탓, 나라님 탓'을 한다. 100여 년 전 근대 교육을 시작하면서 첫 단추를 잘못 낀 것은 조상 탓이고, 해방 이후 우리의 교육 제도를 바르게 발전시키지 못한 것은 전적으로 나라님 탓이기 때문이다.

조선시대에는 서당과 향교 혹은 서원을 중심으로 유교 교육이 이루어졌는데, 서당에서는 인성 교육과 예의범절을 가르쳤고 향교와 서원에서는 사회를 이끌어갈 인재를 양성했다. 1876년 일본과의 강화도 조약으로 문호를 개방한 조선은 서구의 신문명을 수용하려 노력했고, 1895년 갑오개혁의 일환으로 소학교가 설립되어 근대식 초등 교육이 시작되었다. 당시 고종의 '교육 입국 조서'*에는 전인 교육의 중요성과 함께 "교육은 국가 보존의 근본이고 국가의 부강은 백성들의 교육에 있다"는 내용이 있다고 한다.

하지만, 이러한 모든 노력들은 1910년 경술국치로 물거품이 되고 한반도에는 식민지 교육이 시작되었다. 식민지 교육의 목적은 너무도 명확한데 당시 '조선 교육령'**에 있는 "시세와 민도에 적합하게 교육한다"라는 내용은 차별 교육과 함께 초등 수준의 우민화 교육이 핵심임을 의미한다. '교육이 없는 나라'라며 우리 교육의 문제점을 질타하

---

* 1985년에 발표된 교육에 관한 특별 조서로 교육을 국가 중흥의 기본으로 삼아 근대식 학제를 마련하는 계기가 되었다.
** 일제가 우리나라의 교육 제도를 식민지 정책에 맞게 바꾸기 위한 공포한 교육령으로 1차 교육령에는 일본어 학습 강요, 보통 교육 수업 연한 단축, 사립 학교 설립 억제 등의 내용이 있다.

1908년 일본 소학교 교실

는 필자는 식민지 교육이 오늘날 우리 교육의 뿌리라는 점에서 '조상 탓'을 안 할 수 없다.

일본의 경우 1853년 미국에 의한 강제 개항은 조선과 다소 맥을 같이 하나, 1872년 전국에 2만여 개의 소학교(초등학교)를 설치하여 신분과 성별에 차별 없는 의무 교육을 시작했으며 근대 과학 중심의 실용 교육을 시행했다. 참고로, 국가 단위의 의무 교육 시행은 일본이 영국, 프랑스, 미국보다도 빠르다.*

---

*   'Education in the empire of Japan'와 'Compulsory education'

1902년 일본의 소학교 진학률은 이미 70퍼센트에 달했는데, 이는 20세기 초 일본 국민들의 지적 수준이 세계 최고 수준이었음을 짐작케 한다. 1877년에 설립된 도쿄 대학의 설립 목적은 '국가에 필요한 학술 기예의 교육과 학문의 심오한 경지의 연구'인데, 우리나라의 경우 1971년 처음 '연구 중심 대학'을 표방한 KAIST가 설립되었다.

　　한 장의 그림도 대가가 그린 진품과 모사품은 품격이 다르고 가격 차이도 엄청난데, 일본의 교육 제도를 흉내내 식민지 교육을 목적으로 악의적으로 설계된 우리 교육의 밑바탕이 얼마나 왜곡되었을까 상상만으로 가슴이 답답하다. 식민지 교육은 건강하고 올바른 그리고 훌륭한 사람을 키우는 데 목적이 있지 않다. 오히려 올바른 사람들로 양육되지 않고 해당 공동체가 스스로 건강하게 발전되지 못하도록 그래서 점령국에 의해 손쉽게 조종되고 이용될 수 있도록 설계된다.

　　이러한 목적을 위한 식민지 사회 제도는 매우 단순한데 피라미드 구조로 계층화하여 소수의 상위 계층이 다수의 하위 계층을 단계적으로 지도 감독할 수 있는 구조를 만들고, 점령국은 최상위의 식민 계층만을 조종하면 되도록 하는 것이다. 한편, 피라미드식 사회 구조는 교육 제도를 통해 손쉽게 구현될 수 있는데 '솎아버리는 교육'을 통해 식민지 엘리트 그룹을 단계별로 양성하는 방법이다. 이렇게 양성된 엘리트들은 상위 계층의 명령을 받아 하위 계층을 통솔하고 관리하는 역할을 담당하게 된다.

　　해방 후 의무 교육 실시, 교육 기회 확대, 홍익인간의 교육 이념 등

1968년 우리나라 국민(초등)학교 교실

출처: 《한국일보》, 1968년

을 중심으로 교육법이 제정되고 일부 미국의 진보적 교육 철학을 받아들이기도 했으나 현실적인 이유로 식민지 시대의 교육 제도와 내용은 큰 변화 없이 지속되었다. 필자의 막연한 추측으로 해방 전후의 사회적 소용돌이와 6.25 전쟁 등으로 인해 새로운 국가에 걸맞은 교육 철학과 비전 수립은 물론 그를 설계할 여건과 역량에 많은 어려움이 있지 않았을까 하는 생각이다.

오히려 일제시대 억눌러있던 교육 기회를 크게 확대하고 교육 시설을 빠르게 확충하는 것이 무엇보다 시급히 해결해야 할 당면 과제였는데, 1945년 165개였던 남한의 중등학교 숫자는 6.25 전쟁에도 불구하고 1955년 중학교 949개, 고등학교 578개로 10년 사이 10배가 되었다. 콩나물 교실, 2부제 혹은 3부제 수업 등의 단어는 오늘날 기준으로는 쉽게 이해가 되지 않지만 1990년대까지 계속된 사회 문제로, 빠르게 팽창했던 과거 우리 교육의 한 단면이었다.

그 이후 시대의 변화와 정권에 따라 교과목과 교육 내용들이 바뀌고 대학의 급속한 양적 발전과 함께 고교 평준화, 대학 본고사 폐지, 수학 능력 시험 도입 등과 같은 입시 제도에 많은 변화들이 있었으나, 그 또한 우리 사회에서 치열한 논쟁과 공감대 형성 과정이 충분했을까 의구심이 든다.

오늘날 우리 사회는 아이들을 학교에 보내면서 무엇을 기대하고 얻고자 할까? 혹은 우리 사회가 추구하는 진정한 교육의 목적은 무엇일까? 조선시대 때는 유교 교육과 예의범절을 통해 관리 양성 혹은 올바른 사회 구성원을 만들고자 했고, 개항 이후에는 서구의 신학문을 받아들여 나라를 바로 세워 보자는 뜻이 있었다. 일제는 우리 국민들을 일본에 예속된 열등 계층으로 만드는 것이 목적이었고, 해방 후에는 못 배운 한을 떨쳐버리고자 많은 지식을 알게 하려는 욕구와 함께 대학에 대한 열망도 강했던 것 같다. 하지만, 오늘날 필자는 대학 입시 외에는 우리 사회가 추구하는 교육의 목적을 찾을 수가 없다.

우리 사회는 우리 교육에 전혀 만족하지 않으며 우리 교육이 우리 아이들에게는 물론 국가 발전에도 도움이 된다는 생각은 하지 않는다. 필자가 교육 문제에서 나라님을 탓하는 이유가 바로 이것이다. 한 가지 예로 사교육 문제 해결을 위해 우리 사회의 구성원들이 할 수 있는 일은 거의 없는데, 입시 중심의 교육 제도를 만들고 관련된 세부 규칙과 게임의 룰을 정하는 곳이 교육 당국이기 때문이다. 답답한 마음에 필자는 교육 당국이 오히려 사교육을 조장하고 있다는 이야기를 감히 하곤 한다.

교육 목적과 철학은 부재한 채 오로지 대학 입시만을 중심으로 설계된 교육 과정, 우리의 삶은 물론 사회생활과 동떨어진 교육 내용, 즐거움과 재미가 사라진 학교, 획일화된 교육 제도 속에서 필자는 교육 제도에 대해서만은 '조상 탓, 나라님 탓'을 한다.

우리가 꿈꾸는 교육

오래전에 《딥 임팩트》란 영화가 있었다. 소행성의 충돌로 지구가 종말의 운명에 처해지는 내용으로 만일 오늘날 우리 사회에 그런 상황이 실제로 일어난다면 어떻게 될까? 어느 날 미국 항공 우주국NASA에서 소행성의 지구 충돌 뉴스를 발표하는 상황을 상상해본다.

주말 저녁 온 가족이 TV 앞에 모여 한가로운 시간을 보내고 있을 때, 긴급 뉴스로 1년 후 소행성이 지구와 충돌한다는 NASA의 중대 발표가 나온다. TV를 보던 사람들은 처음에는 공포와 두려움에 싸여 어찌할 바 모르는 상황이 벌어지겠지만, 시간이 지나 차분히 생각해보면 마냥 울고 있을 일만은 아닌 것을 깨닫게 된다. 온 인류가 모두

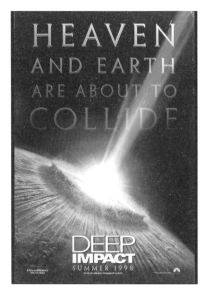

영화 《딥 임팩트》

출처: 위키피디아

함께 사라지는 불가항력의 사건이라면 오히려 담담히 받아들이고 남은 1년을 어떻게 보내야 하나 심각하게 고민해야 할 것 같다.

그날 저녁 아이에게 학원 숙제를 하라고 다그치는 부모가 있을까? 필자는 아마도 주말에는 그동안 미루어왔던 가족 여행을 떠날 것 같다. 일요일에는 아이들과 신앙과 종교에 대해서 이야기를 나누고 저녁에는 필자가 감명 깊게 봤던 영화를 같이 볼 것 같기도 하다. 필자가 학창시절 감명 깊게 읽었던 책을 함께 읽고 그 책에 대해서 이야기를 나누고 밤 새워 두런두런 그동안 함께 보냈던 지난 삶을 되돌아볼 것 같기도 하다.

늦은 밤 뜬금없이 아이들과 함께 멀리 야외로 차를 몰고 나가 밤하늘의 별을 보고 오고 어쩌면 하룻밤 텐트에서 자고 오는 계획을 짤 것 같기도 하다. 아이에게 기타를 함께 배우자고 할 것 같고 저녁 식사를 함께 준비할 것 같기도 하다. 부모로서 인생의 선배로서 1년밖에 안 남은 아이들의 삶이 어떻게 하면 더욱 행복하고 의미 있게 될 수 있을까 고민하고 찾고 노력할 것 같다.

필자는 아이들을 학원에는 안 보내지만 학교에는 보낼 것 같은데, 학교에서 선생님들은 아이들에게 무엇을 가르치고자 할까? 수학 선생님은 문제를 빨리 풀라고 실수하지 말라고 다그치기보다는 유명한 수학자에 대한 이야기를 해줄 것 같기도 하고, 수학적 증명과 함께 그 과정의 논리를 천천히 이해시키려 애쓸 것 같다. 영어 선생님은 문법 시험을 보기보다는 로버트 프로스트의 '가지 않은 길The Road not Taken'을 영문으로 함께 읽고 노랫말이 근사한 팝송을 설명해 주거나, 혹은 "남은 1년 자막 없이 영화 한 편을 정복해보자"며 학생들을 부추길 것 같기도 하다.

국어 선생님은 감명 깊게 읽었던 소설책들을 소개하면서 다음 주에 같이 이야기해보자고 하실 수도 있고 미래의 꿈 혹은 다음 세상에 대해서 글을 써 보자고 할 것 같다. 음악과 미술 시간은 어쩌면 가장 뜻깊은 시간이 될 것 같은데 아이들에게 이야기해 줄 작가들의 이야기 그리고 들려줄 음악과 보여줄 그림들이 너무 많아서다. 아이들은 실컷 떠들고 하고 싶은 운동을 마음껏 하면서 땀에 흠뻑 젖어서 귀가 할 것 같은데, 그렇게 몇 달이 지나고 나면 아이들의 몸과 마음은 훌쩍 자라 있으리라.

그러던 어느 날 NASA에서 또다시 중대 발표를 한다. 소행성의 속도가 예상보다 느려져 3년 후에 지구와 충돌한다고. 온 인류는 더해진 시간의 삶을 기뻐하며 다시 자신들의 삶의 계획을 다소 여유로운 안목으로 짤 것 같다. 다시 사랑하고 결혼하고 멀리 여행을 떠나고 어쩌면 새롭게 사업을 시작하는 사람들도 생길 것 같다. 가정과 학교에서도 아이들이 남은 삶을 더욱 알차게 보낼 수 있도록 계획을 짜고 실행에 옮길 것 같은데, 늘어난 시간 속에서 수학여행을 준비하는 학교도 있겠고 자전거로 전국 일주 여행을 떠나는 가족도 있으리라. 그리고 1년 후 또다시 NASA에서 중대 발표를 한다. 앞으로 10년 남았다고.

필자가 '우리가 꿈꾸는 교육'을 상상하면서 던지는 질문은 '과연 우리 사회는 NASA에서 몇 년 더 남아 있다고 발표를 할 때 다시 오늘날의 교육으로 돌아올까?'이다. 학원에 보내고 쓸데없이 어려운 문제를 풀게 하고 많이 외우고 서로 힘들어 하고. 우리가 생각하는 진정한 '꿈의 교육'은 무엇일까? 부모로서 그리고 선생으로서 우리 사회가 아이들에게 가르쳐주고 싶은 진정한 교육은 어떤 내용일까? 어떻게 교육해야 우리 아이들이 행복하고 사회에 유익한 사람이 되고 글로벌 경쟁력을 갖게 될까?

지구 멸망의 가정이 다소 불편하다면 보다 현실적으로 대학 입시가 없어진다면 우리는 어떤 교육을 할 수 있을까? 대학 입시는 없어질 수 있고 없어져도 큰 문제가 되지 않을 수 있다는 것이 필자의 생각이다. 참고로, 우리 사회는 이미 1974년 암기식·주입식 입시 교육과 일류 고등학교 현상의 폐단을 없애고자 고교 평준화 제도를 도입했는데, 오늘날 우리 사회는 이로 인한 부작용이나 문제점을 전혀 느끼고 있지 않다.

무즙 파동 관련 신문 기사, 1965년 3월 30일

　　오히려 과거와 같은 고교 입시 제도가 아직도 있었다면 지금보다 더 심각한 상황이었을 상상에 가슴을 쓸어내린다. 더 거슬러 올라가면 1969년까지는 중학교 입시도 있었는데, 중학교 입학시험 답안에서 비롯된 '무즙 파동*'은 법적 공방으로까지 이어지면서 사회적으로 큰 파장을 일으켰다.

●　　무즙 파동은 중학교 입시 문제로 출제되었던 "엿을 만들 때 엿기름 대신 들어갈 수 있는 것?"에 대한 질문에 무즙도 정답이 될 수 있느냐에 대한 공방으로 시작되었다.

이러한 고민 속에 있었던 필자에게 지인이 알려준 이스라엘의 교육 제도는 단비와 같았다. 이스라엘의 교육 목적은 학생들이 다원화 사회와 민주 사회의 책임 있는 구성원이 되도록 준비시키고 국가 발전에 필요한 것들을 교육하는 데 있다고 한다.

학교는 학생들이 정해진 답을 찾고 암기하기보다는 호기심을 갖고 질문하도록 장려하고, 기존의 주장이나 이론을 그대로 수용하기보다는 의문을 제기하고 반박함으로써 새로운 주장이나 이론을 정립하도록 독려하는 등 창의성과 토론을 강조하는 교육에 주안점을 둔다고 한다.[•]

이스라엘의 학생들은 고등학교를 졸업하면 모두 군대에 가고(남자 3년, 여자 2년), 군 복무를 마친 후에는 친구들 몇몇이 모여서 세계 여행을 떠난다. 일반적으로 새로운 세상을 더 많이 경험할 수 있는 개발 도상국으로 가는 것이 불문율이라고 하는데 여행 경비는 군 복무 기간 동안 모아 놓은 월급으로 충당한다고 한다.

이스라엘의 교육 철학과 대학 입시에 관한 이야기를 처음 듣던 날 필자는 막힌 가슴이 뻥 뚫리는 느낌을 받았다. 왜 이스라엘의 교육이 노벨상의 산실이고 이스라엘의 벤처 기업들이 세계 최고인지 그 까닭을 조금이나마 이해할 수 있었다.

이스라엘의 중고등학생들은 고등학교 졸업 후에 군대에 가야 하는 교육 제도상 교육 과정이 전적으로 대학 입시 준비일 필요가 전혀 없

•   '이스라엘 교육', ref. 네이버 지식백과

다. 학교는 학생들의 능력과 개성에 따라 혹은 나이에 맞는 교육을 충실히 시키면 되고, 학생들은 학교에서 새로운 것들을 배우고 모르는 것들을 질문하고 친구들과 토론하면서 배움의 즐거움을 배우면 된다. 즉, 학교와 가정에서 입시 준비를 위한 교육이 아닌 '교육을 위한 교육'이 이루어지는 것이다.

군 복무와 세계 여행을 마친 학생들은 자신의 삶에 대한 충분한 고민과 넓은 세상 경험을 통해, 대학 진학에 대한 분명한 목적과 이유를 갖게 되고 자신의 적성과 꿈을 바탕으로 대학에 진학해 최선의 노력을 하게 되는 것이다.

학생들에게 배움의 기쁨과 즐거움을 일깨워주는 학교, 선생님들의 권위가 바르게 세워지는 학교, 대학 입시 결과보다 교육 그 자체로 평가 받는 학교, 사교육이 필요 없는 사회, 자신의 꿈과 미래를 위해 대학에 가고 그곳에서 최선을 다하는 사회. 우리가 꿈꾸는 '교육이 살아 있는 나라'가 빨리 왔으면 하는 바람이다.

개미와 베짱이 그리고 꿀벌

이솝우화 가운데 '개미와 베짱이'란 이야기가 있다. 여름철 열심히 일했던 개미는 겨울이 오자 모아 놓았던 양식으로 배부르고 따듯하게 지냈지만, 시원한 그늘에서 게으름만 피우고 놀기만 했던 베짱이는 추운 겨울 춥고 배고프게 지내며 후회했다는 내용이다.

하지만 나이가 들면서 시대 상황을 풍자한 다른 버전도 듣게 되었는데, 여름철에 열심히 일했던 개미는 일만 한 탓에 건강을 해쳐 고생한 반면, 베짱이는 빼어난 노래 솜씨 덕분에 유명한 가수가 되어서 잘살았다는 내용이다.

필자가 이 이야기를 단순한 우스갯소리로 넘기지 않는 이유는 필자가 개미와 같은 사람이기 때문이다. 필자 세대의 사람들은 어쩌면 대부분 개미와 같은 유형이거나 혹은 개미와 같은 사람들이 바람직하다고 생각하며 살아왔을 것 같다.

필자는 중고등학교 시절 좋은 대학에 들어가기 위해서 열심히 공부했다. 대학에 들어가서는 높은 학점을 따는 것이 목표였고 미국으로 유학 가서는 박사가 되기 위해서 열심히 노력했다. 그런데 함께 박사 과정 중인 동료들 가운데에는 자신이 좋아하는 일을 하다 보니 어쩌다 박사 과정까지 오게 되었다고 답을 하는 친구들이 있었다. 베짱이 같은 사람들이었다.

대부분 중고등학교 시절에는 공부에 별 관심이 없다가 대학에 들어가 전공 공부에 재미를 붙인 사람 혹은 회사에서 하던 업무로 인해 연구에 흥미를 느껴 뒤늦게 학업을 다시 시작한 사람들도 있었다. 두 경우 모두 박사가 되기 위해 개미 같이 노력하는 필자보다 오히려 더 많이 노력했고 학업에 대한 집중도는 물론 연구 성과도 좋았다.

흔히 재능이 있는 사람이 열심히 노력하는 사람을 이기지 못하고,

열심히 노력하는 사람은 즐겁게 하는 사람을 이기지 못한다는 말이 있다. 이 말은 재능이 좀 있다고 너무 자만하지 말고 열심히 노력해야 한다는 교훈과 함께 개미처럼 스스로 즐기지 못하고 목표 지향적으로 열심히 노력만 하는 사람에 대한 경고도 품고 있는 것 같다.

개미와 베짱이 같은 사람 가운데 누가 더 바람직하고 좋은지는 각자의 상황과 환경 혹은 가치관에 따라 다를 수 있다. 먹고 살기에 바빴던 과거 필자 세대의 사람들에게 즐기면서 일한다는 것은 어쩌면 배부른 소리로 들릴 수도 있지만, 오늘날 즐기지 못하면서 열심히 일만 하라는 말은 때로 비효율적이고 부가가치가 떨어지는 일을 하고 있다는 의미로 해석될 수 있다.

국민 소득 1천 달러의 과거와 3만5천 달러인 현재와의 차이이며, 앞으로 5만 달러의 미래를 준비하는 우리 아이들에게는 더욱 중요한 관점이 될 수 있다.

생텍쥐베리의 《어린 왕자》에 다음과 같은 글이 있다.

"배를 만들게 하고 싶으면 먼저 바다를 향한 동경심을 갖게 하라."

교실에서 학생들에게 부력의 원리를 설명하고 목공 일을 가르쳐주면서 배를 만들라 하면, 개미와 같은 학생들은 남들의 배를 흉내내어 빨리 만들 수는 있지만 새로운 배를 만드는 데는 한계가 있다. 하지만, 바다를 보여주고 바다에 대한 꿈을 갖게 하면 학생들은 베짱이와 같이 꿈을 좇아 배를 상상하고 전혀 새로운 배를 만들 수 있다. 그것도 즐겁고 기쁜 마음으로.

어린 왕자

일러스트: Midjourney

　마지막으로, 개미와 베짱이 외에 또 다른 타입은 꿀벌과 같은 사람
이다. 꿀벌은 열심히 노력한다는 면에서는 개미와 별다른 차이가 없
지만, 창고에 자신이 먹을 양식을 쌓아 놓는 개미와 달리 이곳 저곳
꽃을 찾아 다니면서 꽃들이 열매를 맺게 하고 자신은 물론 남들에게
도 이로운 달콤한 꿀을 만든다.

　즉, 다른 사람들과 소통하고 융합하여 새로운 것을 만드는 사람이
다. 괜스레 벌꿀 같은 사람이 가장 멋있어 보이고 우리 아이들이 꿀벌
과 같이 자랐으면 하는 바람이 있는데, 이를 위해서 "우리 사회는 아
이들에게 어떤 교육을 제공해야 할까?" 하는 질문을 던지게 된다.

물론 한쪽으로 지나치게 치우치지 않고 개미와 베짱이 그리고 꿀벌의 장점들을 골고루 갖추도록 교육하는 것이 최상임은 너무도 당연하다.

　　목표를 향해 열심히 노력하는 개미, 꿈을 꾸며 즐길 줄 아는 베짱이, 그리고 소통하고 융합하며 새로운 것을 창조하는 꿀벌과 같은 사람들을 상상하며 우리 아이들을 위한 새로운 교육을 고민하고 있을 무렵 필자가 접하게 된 자료가 아래 내용이다.[*]

　　한국, 중국, 일본, 미국 4개국 대학생들에게 자신이 느끼는 자국 고등학교에 대한 인식 조사 결과이다. 보기로 '사활을 건 전장', '거래하는 시장,' 그리고 '함께하는 광장' 등을 주었는데, 우리나라 대학생의 80.8퍼센트가 자신이 경험했던 고등학교 시절을 '사활을 건 전장'이라 인식한 반면 일본 대학생의 75.7퍼센트는 '함께하는 광장'이라 답을 했다. 일본 대학생의 경우 '사활을 건 전장'이란 답변은 13.8퍼센트에 불과하다.

　　가슴이 아팠다. 그리고 미안했다. 한가롭게 개미, 베짱이, 그리고 꿀벌을 논할 때가 아니었다. 어쩌면 오늘날 우리 아이들이 느끼고 경험하는 학교는 살아남기 위해서 서로 치고받고 싸우는 개미들의 전쟁터인 것 같다. 'PTSD'[**]는 극심한 환경의 전쟁터에서 돌아온 사람들

---

[*] 《조선일보》, '4개국 대학생들에게 고등학교에 대해서 물었더니…', 2018년 8월 3일, ref. 통계청 '한국의 사회 동향 2019'

[**] post-traumatic stress disorder, 외상 후 스트레스 증후군

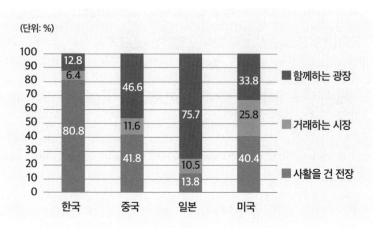

(단위: %)

자국 고등학교 이미지에 대한 4개국 대학생의 인식

출처: 《조선일보》, 2018년 8월 3일(통계청 《한국의 사회동향 2019》)

에게 많이 발생한다고 하는데, 어쩌면 그동안 우리 사회에서 대학은 '열심히 공부해야 하는 장소'가 아니고 고등학교라는 전쟁터에서 살아남은 아이들의 'PTSD를 치유하는 장소'가 아니었을까 하는 생각에 대학교수인 필자의 마음이 불편하고 한편으로 안쓰럽기만 하다.

이제 우리의 교육이 혁신되어 더 이상 우리 아이들이 학교라는 전쟁터에서 고통받지 않고, 자신의 목표를 향해 노력하고 꿈꾸고 배움을 즐기며, 남들과 소통하고 융합하여 다가오는 미래 시대의 퍼스트 무버로 올바르게 자라날 수 있기를 바라는 마음이다.

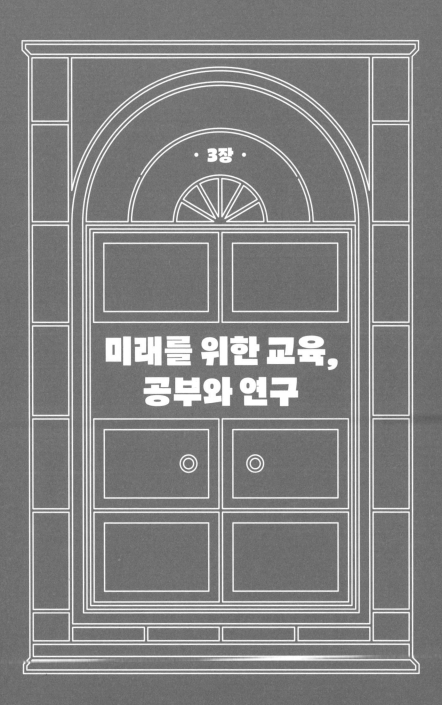

· 3장 ·

미래를 위한 교육,
공부와 연구

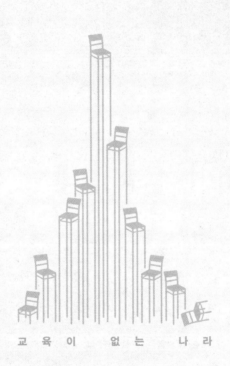

교육이 없는 나라

미래를 위한 교육,
공부와 연구

연구란 무엇인가?

오래전 자신의 꿈은 벤처 사업가이기 때문에 KAIST에 관심이 없다고 이야기하는 당돌한 고등학생을 만난 적이 있었는데, KAIST는 연구만 하는 대학이어서 자신의 꿈과는 거리가 멀다는 것이 이유였다. 길게 이야기할 수 없었던 당시 상황에서 간단히 연구와 벤처에 대한 이야기를 해주었지만 어쩌면 우리 사회는 연구에 대해서 잘 모르는 것이 아닌가 하는 생각이다. 참고로, 우리나라는 국가 차원에서 연구를 시작한 역사가 일본이나 기타 선진국들에 비해서 매우 짧은데 그로 인해 연구에 대한 사회적 인식과 문화가 다소 익숙하지 않은 것 같다.

과연 '연구'란 무엇일까? 연구를 언급할 때 사람들은 두꺼운 안경을 낀 과학자가 컴퓨터 앞에서 밤을 새우거나 하얀 가운을 입고 실험을 하고 있는 모습을 상상하는 것 같다. 하지만 필자는 학생들에게 연구를 설명할 때 '대항해시대'*와 신대륙을 발견한 '콜럼버스'로부터 시작한다.

15세기 아시아와의 무역을 통해 많은 부를 창출하고 있었던 유럽은 오스만 제국의 부상으로 육로가 막히게 되면서 곤경에 처하게 되었다. 이때 유럽의 서쪽 끝에 위치한 작은 나라 포르투갈은 육로로는 아시아에서 가장 멀리 떨어져 있는 자신들의 단점이 바닷길을 통해 가야하는 새로운 상황에서는 장점이 될 수 있다는 사실을 깨닫는다.

즉, 배를 타고 아프리카 대륙을 돌아 아시아로 가는 바닷길을 상상하게 된 것이다. 남쪽으로 아프리카 해안을 따라 가면 과연 아프리카 대륙의 끝이 있을까? 아마도 많은 사람들이 그 바닷길을 찾는 과정에서 실패하고 포기하고 일부는 영원히 돌아오지 못했을 것이다.

하지만, 그런 과정 속에서 항해와 조선 기술이 발전되고 새로운 형태의 배, 캐러벨**이 발명되면서 마침내 아프리카 대륙의 남쪽 끝은 발견되었고 사람들은 그곳을 '희망봉'이라 이름지었다. 새롭게 개척된 아프리카 바닷길을 통해 아시아와의 향신료 무역을 독점하게 된

---

* Age of discovery, 15세기 중반 포르투갈 엔히크 왕자의 아프리카 바닷길을 시작으로 콜럼버스의 신대륙 발견과 마젤란의 세계 일주 항해 등 지리상의 발견을 이룩한 15~17세기 시대를 일컫는다.
** Caravela, 2~3개의 마스트를 가진 소형 범선으로 크기가 작아 조타 능력이 뛰어나 15세기에 널리 사용되었다.

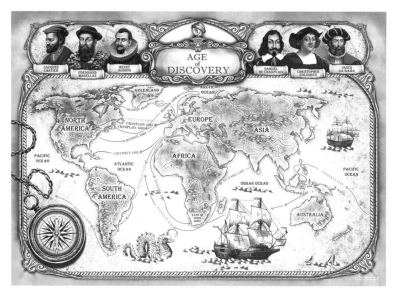

대항해시대와 콜럼버스의 신대륙 발견

일러스트: https://standardsinpuzzles.com

포르투갈은 세계 최고의 부자 나라가 되었으며 세계 역사에서 대항해 시대를 열었다.

이웃나라 스페인이 포르투갈의 성공에 배 아파하고 있을 즈음, 콜 럼버스가 스페인 이사벨 여왕을 찾아가 "서쪽 바다로 가면 동쪽 아시 아로 더 빨리 갈 수 있다"는 터무니 없는 제안을 한다.* 오랜 노력 끝에

---

* 당시 대부분의 사람들은 바다 끝에는 낭떠러지가 있을 것이라 생각해 먼 바다로 나 가는 것을 두려워했다. 하지만 일부 과학자들은 지구가 둥글고 지구의 크기를 실제 보다 작게 생각해서 바닷길로 돌아가면 더 빨리 아시아로 갈 수 있다고 주장했다.

스페인 여왕을 설득한 콜럼버스는 천신만고 끝에 애당초 기대하지 않았던 신대륙을 발견하고 스페인은 세계 최강의 제국이 되며 그 이후 유럽 문명은 오늘날까지 세상을 지배하고 있다. '연구'란 바로 이런 것이다.

연구의 시작은 필요성이다. 부와 명예, 성공에 대한 욕망, 때론 숭고한 사명감인 경우도 있다. 예를 들어, 얼마 전에 전 세계는 코로나 백신 연구에 몰두했었는데 수많은 생명을 살리고 인류를 팬데믹의 위기에서 구하고자 하는 숭고한 사명감과 함께 백신 성공에 따른 막대한 경제적 이득과 노벨상 수상도 기대할 수 있다.

유럽이 아시아와의 무역 중단으로 곤경에 처해 있었을 때 그들은 돌파구가 필요했고 무역을 통한 부에 대한 욕심도 컸다. 포르투갈이 상상한 아프리카 바닷길은 가능성은 높지만 많은 노력과 시간이 필요한 방법이었다. 가다 보면 언젠가는 아프리카 대륙의 끝을 만날 수는 있겠지만 많은 시행착오가 예상되었고 그 길은 멀고 험난했다.

스페인의 방법은 다소 극적인데 '지구가 둥글다'는 당시 시대에 제대로 검증되지 않은 가설을 바탕으로 발상의 전환과 무모한 시도가 있었다. 왜 스페인은 아프리카 바닷길을 이용하지 못했을까? 포르투갈이 아프리카 바닷길에 대한 항해 정보를 국가 기밀로 보호했고 중간 기착지에는 이미 군사 기지도 만들어 놓았기 때문이다. 오늘날 회사의 노하우와 신제품에 대한 아이디어를 특허권으로 보호하는 것과 같다.

후발 주자가 할 수 있는 방법은 언제나 발상의 전환과 때로는 무모한 시도이다. 스페인 여왕이 제공한 낡은 배 세 척으로 떠난 대서양 바닷길은 만만치 않았다. 해안선을 따라 가는 아프리카 바닷길과 달리 대서양을 가로지르는 망망대해에서의 항해는 훨씬 위험했으며 예상했던 일정보다 항해가 길어지면서 선원들은 굶주리고 지쳐 폭동이 일어나기 직전이었다. 하지만, 그때 콜럼버스는 육지를 발견한다. 신대륙, 소위 대박이 터진 것이다!

국가와 기업들은 미래 먹거리 창출을 위해 장밋빛 예측을 바탕으로 연구를 시작하고 연구비를 제공한다. 사업가는 투자를 받거나 심지어 자신의 사재를 털기도 한다. 이렇게 연구비가 확보되면 본격적인 연구가 시작되는데 실패와 시행착오는 당연한 과정이다. 연구 방향을 잘못 잡아 엉뚱한 곳에서 헤매고 연구비 부족으로 고생도 하며 천신만고 끝에 찾아낸 해답이 다른 사람이 이미 찾아낸 답인 경우도 있다.

에디슨이 전구를 개발할 때 2만 번의 실패를 했다는 이야기*는 일반적으로는 믿기 어려울 수 있겠지만 연구자인 필자는 충분히 그럴 수 있다는 생각이다. 에디슨은 이전의 다른 연구들에서도 이미 5백 번, 3천 번, 또는 1만 번의 실패와 시행착오를 경험했고 그때마다 우

---

* '토머스 에디슨의 실패를 대하는 자세', https://blog.naver.com/carnegie_ko-rea/221630270844

여곡절 끝에 답을 찾아내던 경험을 했기 때문이다.

대학에서 연구의 끝은 대부분 논문이고 참여했던 학생들에게는 석사 혹은 박사 학위가 수여된다. 이즈음 KAIST에는 자신의 연구를 바탕으로 특허를 내고 벤처를 하겠다는 학생들이 많아지고 있는데, 공대 교수인 필자는 학생들에게 석박사 학위 기간 동안 자신의 사업 아이템을 준비하라고 조언하곤 한다. 3~5년의 대학원 기간은 학생 입장에서는 연구비나 사업 초기의 위험 부담 없이 사업 아이템을 마음껏 만들어 낼 수 있는 시간이 될 수 있다.

30여년 전 필자의 유학 기간에 연구실 동료들에게 장래 희망을 물어본 적이 있었다. 우리나라와 중국 등 아시아에서 온 유학생들의 희망이 대부분 교수 혹은 연구원인데 반해 미국 학생들 가운데 교수가 희망인 학생은 한 명도 없었는데, 모두가 자기 사업을 하거나 실리콘밸리로 가겠다는 것이었다. 당시 실리콘밸리에 벤처 붐이 있기도 했지만 그때의 도전 정신으로 똘똘 뭉쳐 있던 그 학생들로 말미암아 미국 경제가 다시 살아나고 미국이 계속 세계 최고의 나라가 되고 있는 것은 아닐까. 결론적으로 '연구는 공부의 끝이 아니고, 사업의 시작'이다.

1492년, 1592년, 그리고 1543년

앞에서 필자는 연구를 설명하면서 아시아와의 교역 길이 막히면서 생긴 유럽의 어려움과 그것을 극복하는 과정에서 대항해시대를 연 포르투갈과 스페인, 그리고 콜럼버스의 신대륙 발견을 예로 들었다. 위기 혹은 필요성으로 시작된 문제들이 부단한 도전과 노력 그리고 발상의 전환을 통해 해결되고 마침내 성공으로 마무리되는 과정이 연구의 진행과 매우 흡사하다. 하지만, 자연 현상, 진리 탐구, 혹은 신제품 개발 등을 목표로 하는 학문적 연구와 달리 대항해시대와 신대륙 발견에는 발견한 자와 발견당한 자가 구분되고 발견한 자의 영광과 함께 발견당한 자의 비극이 존재했다.

대항해시대에 우리나라는 다행히 격동하는 세계사의 물결에서 멀리 떨어져 방관자의 입장에 있었고 나름 평화로운 세월을 보내고 있었던 것 같다. 하지만, 1492년 콜럼버스의 신대륙 발견 이후 정확히 100년이 지난 1592년 우리나라 역사상 가장 큰 전쟁 가운데 하나인 임진왜란이 발발한다.

필자가 강연에서 "1492년과 1592년에 각각 어떤 일이 있었나요?" 하고 질문하면 대부분 "신대륙 발견"과 "임진왜란"이라 쉽게 답을 한다. 공교롭게도 100년의 차이가 있어 기억하기 쉬운 이점도 있다. 하지만 "100년 세월의 한가운데에 있는 1543년에 무슨 일이 있었나요?"라는 질문에는 답을 하는 사람은 거의 없다.

우리 역사 시간에는 한 번도 제대로 배워보지 못했던 1543년에 세계사 속의 1492년과 우리 역사의 1592년을 연결하는 중요한 사건이 발생했는데, 그것은 유럽 문명과 일본이 처음 만난 해이다.

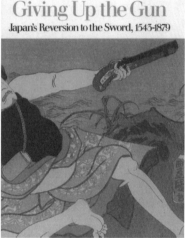

1543년, 유럽과 일본의 만남 그리고 조총의 전래

출처: 위키피디아

　1543년 포르투갈 상인이 타고 가던 배 한 척이 일본의 작은 섬에 상륙했고 섬의 젊은 지도자는 포르투갈 상인으로부터 신기한 물건 하나를 구입했다. '조총'이 일본에 전해진 것이다. 당시 전국시대였던 일본에서 조총은 빠르게 복제되고 개량되었고 대량으로 만들어져, 50년이 지난 1592년 일본은 유럽 대륙의 어떤 나라보다도 많은 조총을 가진 나라가 되었으며 그 성능 또한 뛰어났었다고 한다.[*] 즉,

---

* 　'Firearms of Japan', 위키피디아

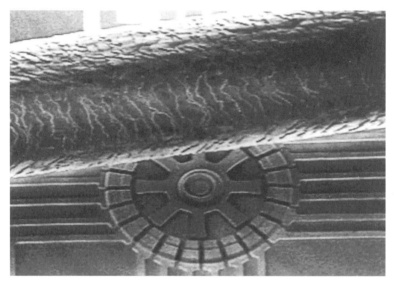

머리카락 굵기의 초소형 모터

출처: 미국 버클리대학

1592년 일본은 세계 최고의 군사 강국 중 하나였고 그 군사력을 바탕으로 우리나라를 침략하게 된 것이다.

전혀 관련이 없을 것 같았던 1492년의 신대륙 발견과 1592년의 임진왜란이 1543년을 연결점으로 우리 역사에서 이어지는 것을 보면서 발견한 자와 발견당한 자의 운명이 우리 땅에서 100년의 시간 차를 두고 재현된 것은 아닌가 싶다. 즉, 조총을 먼저 보고 연구한 자와 조총을 못 봤거나 혹 보고도 연구하지 않았던 자의 차이이다.

또 다른 예를 필자의 연구 분야인 MEMS에서도 찾을 수 있는데,

MEMS는 Micro-Electro-Mechanical-System의 약어로 마이크론 단위의 기계-전자 시스템을 연구하는 학문이다. 1987년 필자가 재학 중이었던 미국 버클리대학의 연구실에서 발표한 머리카락 굵기의 초소형 모터는 당시 세간의 이목을 모으기에 충분했다. 이 기술은 수년 후 미국 회사에 이전되어 자동차용 에어백 센서에 적용되었는데, 신기술의 도입으로 센서의 크기는 수천~수만 배 작아지고 가격도 획기적으로 싸지게 되었다.

새로운 기술로 제품의 성능이 좋아지고 크기가 작아지며 가격이 낮아진다면 그리고 그 정도가 기존의 예상을 훨씬 뛰어넘는다면 개발에 성공한 업체에게는 초대박 아이템이 되지만 경쟁 업체들에게는 큰 재앙이 될 수 있다. 어쩌면 오늘날 세계는 부단한 도전과 발상의 전환을 통해 과학기술 분야에서 신대륙의 발견(?)이 매일 일어나는 격동의 시대에 살고 있는지도 모른다.

어느 때부터 사람들은 우리나라가 패스트 팔로어에서 퍼스트 무버로 옮겨가는 전략을 취해야 한다고 역설하기 시작했다. 맞는 말이다. 해방 이후 혹은 6.25 전쟁의 잿더미에서 일어선 우리나라는 세계사적 관점에서 지난 70년 동안 200등에서 10등까지 올라온 매우 성실한 모범생, 즉 최고의 패스트 팔로어였다.

필자는 패스트 팔로어를 산을 오르는 등산객으로 비유하곤 하는데 뒤에서 따라 오르는 등산객의 전략은 단순하다. 앞 사람의 뒤꿈치만 보고 성실하게 쫓아가는 것이다. 오늘 오를 목적지가 어디이고 어느 길로 가야하는지는 생각할 필요가 없다. 남들이 쉬엄쉬엄 오를 때 근면과 성실로 열심히 쉬지 않고 올라온 우리나라는 어느덧 10등까지 올라온 등산객과 같다. 간혹 선두가 보이는 10등의 위치에서 이제 우리는 퍼스트 무버를 이야기하기 시작한다.

　패스트 팔로어를 등산객으로 비유하는 필자는 퍼스트 무버는 산행의 선봉에 선 리더, 더 나아가 캄캄한 밤 바다 한가운데 놓인 작은 배로 비유하곤 한다. 산행의 맨 앞에 선 리더는 갈림길에서는 어느 길로 가야할지 결정해야 하고 심지어 걷는 속도까지도 신경 써야 하는데 만일 처음 오르는 산인 경우 그 스트레스는 말할 것도 없다. 패스트 팔로어의 실수나 게으름은 단지 몇 걸음 뒤처지는 것으로 그치고 말지만 퍼스트 무버의 실수나 잘못된 판단은 그 날 산행을 통째로 망치게 할 수 있다. 캄캄한 밤 바다 한가운데 놓인 작은 배의 고민은 더 이상 말할 것도 없다.

　오늘날 우리나라는 5천 년 역사 속에서 처음으로 세계 무대에서 퍼스트 무버의 위치에 서 있다는 기대와 함께 자칫 많은 위험에 노출되어 있다. 성공적인 패스트 팔로어와 성공적인 퍼스트 무버의 전략은 전혀 다른데, 처음 서보는 퍼스트 무버의 상황에서 과거 패스트 팔로어의 성공담과 경험만을 기억하고 있기 때문이다.

　이러한 기로에서 우리 사회가 또다시 이 시대의 또 다른 '조총'들을 못 보고 지나치거나 혹은 보고도 그 가치를 알아보지 못하는 우를 범하지 않기를 바라는 마음이다. 더 나아가 우리 사회가 남들보다 먼저

새로운 '조총'들을 상상하고 만들어 세계 시장에서 선도적 역할을 할
수 있기를 기대한다. 그리고 그를 위해 퍼스트 무버로 미래의 우리 사
회를 이끌어갈 우리 아이들을 위한 올바른 교육이 무엇보다 선행되어
야 한다는 사실은 더욱 명확하다.

본인들의 의지와 관계없이 시대 상황에 따라 맨 앞 줄에 서게 된
퍼스트 무버 세대들을 보면서 인생 선배로서 오히려 미안한 마음이
든다. 안타깝게도 그들은 부모님 세대와 같이 근면과 성실만을 강조
하는 패스트 팔로어의 교육만을 받고 자랐기 때문이다.

공부를 잘하면 연구도 잘하나요?

필자의 학창 시절 어른들은 "공부를 잘해야 나중에 성공한다"고 말
씀하시면서 한편으로는 "사회에서의 성공은 학교 성적과 큰 상관이
없다"라고도 하셨다. 서로 상반되는 가르침 속에서 필자는 전자가 논
리적이고 당연히 그래야 된다고 생각했지만, 세월이 흘러 어른이 된
오늘날 후자가 오히려 타당성이 있고 일반적이라는 생각이다.

특히, 사회생활과 동떨어진 우리의 교육 내용을 고려할 때 후자의
논리적 타당성은 앞으로 사회가 다변화되고 변화 속도가 빨라질수록
더욱 높아질 것 같다. 학계의 경우 전자의 논리가 더욱 부합할 것이라
생각할 수도 있겠으나 25년간 교수로 학계에 몸담고 있는 필자는 여

전히 후자의 관점에 공감하고 동의한다.

비지니스의 세계에서 돈을 많이 버는 것이 능력의 척도인 것과 같이 학문의 세계에서는 연구를 통해 좋은 논문을 많이 쓰는 것이 능력의 척도인데, "공부를 잘하면 연구도 잘하나요?"란 질문에 필자는 "아니요"라고 답을 한다. 공부를 잘하는 학생이 기본적으로 성실하고 지능이 높아 연구를 하는 데 다소 유리한 점은 있을 수 있지만, 중고등학교 혹은 대학 시절의 공부와 대학원에서의 연구는 일반인들의 예상과는 달리 전혀 다른 방식으로 진행되기 때문이다.

공부가 이미 알려진 답의 내용을 이해하고 습득하는 과정인 반면 연구는 아직 해결되지 못한 문제의 답을 찾아가는 과정이다. 즉, 산을 오를 때는 쉬지 않고 올라가는 성실함과 힘들어도 참고 이겨내는 체력과 정신력이 중요한 덕목이지만, 험한 산 속에서 길을 잃거나 갑자기 사막 한가운데에 놓인 상황이라면 정확한 상황 판단, 결단력과 용기는 물론 반드시 집으로 돌아갈 수 있다는 긍정적인 마음과 의지가 더욱 중요한 덕목이 될 수 있다.

다른 예로 요리에 비유하자면 공부는 주어진 요리법으로 음식을 만드는 과정과 같아 요리법을 정확히 이해하고(때로는 암기하고) 성실하게 꼼꼼히 순서에 따라 해야 하는 데 반해, 연구는 전혀 새로운 음식을 만들어내야 하는 상황과 같다. 이 경우 요리사는 새로운 요리에 대한 막연한 '상상'을 바탕으로 많은 시행착오와 실패를 통해 새로운 맛을 창조해야 하는데, 이때 요리사에게 요구되는 덕목은 새로운 음

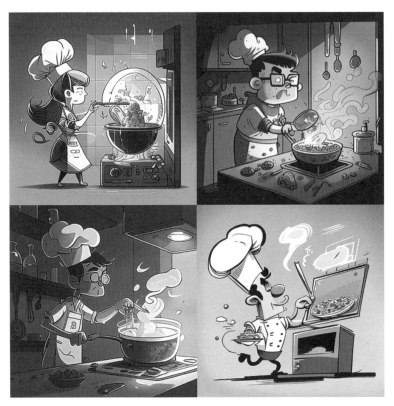

요리와 연구

일러스트: Midjourney

식에 대한 상상력과 새로운 방법을 시도하는 용기, 그리고 이 모든 과정을 흔쾌히 감수하고 즐길 수 있는 진정 '맛'을 사랑하는 마음이다.

필자가 미국 유명 대학교를 방문할 때면 종종 한국 유학생들과 식사를 하곤 하는데 간혹 필자에게 상담을 요청하며 유학생들이 공통적으로 토로하는 고민은 연구와 관련된 내용들이다. 어릴 적부터 공부를 잘해서 우리나라 최고의 대학에 들어갔고 그곳에서도 우수한 성적으로 졸업하고 청운의 꿈을 안고 유학을 왔지만 안타깝게도 연구의 본질을 잘 이해하지 못해 어려움을 겪는 경우이다.

필자도 과거에 비슷한 경험으로 어려움을 겪었기에 이런저런 이야기들을 해주는데, 성적도 좋고 시험은 잘 보지만 막상 연구에서는 특별히 두각을 나타내지 못하거나 심지어 무엇을 해야 할지 연구 주제도 제대로 잡지 못하는 경우들이다. 한편, 강의실에서는 뛰어나지 못하고 머리도 별로 좋아 보이지 않는 다른 나라 동료들이 연구실에서는 활기차게 떠들고, 때로는 말도 안 되는 아이디어를 제안하고 결국 그 아이디어를 크게 성공시키는 경우를 보면서 느끼는 상대적 좌절감 등이다.

우리나라에서는 중고등학교 때 공부를 잘하는 자식이 최고의 효자다. 자식이 공부를 잘하면 학부모 사회에서 엄마의 위상이 높아지고 아이는 원하는 대학에 들어가는 것으로 자신의 공부 성공 이야기의 정점을 찍는다. 하지만, 대학교수인 필자의 눈에는 갓 들어온 신입생이고 학문적으로는 이제부터가 시작인 새내기일 뿐이다.

대학교 공부는 고등학교까지의 공부와는 많은 차이가 있는데, KAIST는 입학 후 성적이 크게 올라간 학생과 떨어진 학생들을 상담하면서 학생들의 성적 변화에 영향을 준 사항들을 조사하곤 한다. 성적이 크게 올랐던 한 학생의 예가 생각난다. 학생 왈, "대학교에서는 생각할 시간을 많이 준다"는 것이었다.

일반적으로 고등학교 공부는 선행과 반복 학습 중심으로 정해진 시간 안에 어려운 문제들을 실수 없이 빨리 푸는 데에 중점을 두는 데 반해, 대학교는 기본적으로 학습량이 많고 어려운 개념들을 이해하는 데 많은 시간을 주며 상대적으로 시험 시간도 충분히 주는 것이 보통이다.

따라서 정확한 이해 없이 암기 혹은 반복 학습 위주로 공부하거나, 스스로 깊이 생각하고 깨달아가는 과정에 익숙하지 않은 학생들은 대학에서 좋은 성적을 받기가 쉽지 않다. 또한 자신의 전공 공부에 재미를 붙이는 것이 무엇보다 중요한데, 고등학교 시절 신주단지처럼 모셨던 참고서들은 졸업 후에는 다시 볼 필요가 없는 책들이지만 전공 서적들은 자신의 직업과 맞물려 곁에 두고 평생 볼 책들이다.

KAIST는 일반적으로 대학교 3학년이 되면 연구 참여를 시작하는데 평소에 공부를 잘했던 과목 혹은 관심을 가졌던 연구실을 찾아가 방학 중에 대학원 선배들과 함께 연구를 시작한다. 필자의 경우 연구 참여 학생을 선발하는 기준은 학생의 흥미와 관심 그리고 열정이다. 학점은 별로 중요하지 않은데 학점이 좋은 학생들은 오히려 실패에 대한 두려움이 커서 연구에 적합하지 않은 경우도 종종 있다.

시류에 휩싸여 오는 학생도 가급적 사양하는데 연구에도 유행이 있다 보니 학생들이 자신이 진정으로 하고 싶은 것이 아니고 남들 보기에 좋아 보이는 것을 따라오는 경우이다. 이 경우 유행이 지나가면 대부분 흥미도 함께 식어버린다.

필자가 연구를 시작하는 학생들에게 자주 하는 말은 "첨단을 하지 마라, 대신 자신이 좋아하는 것을 첨단으로 만들어라"이다. 데미스 허사비스는 자신이 좋아하고 천재적 소질을 보였던 체스를 바탕으로 바둑 프로그램 알파고를 만들었고 이를 통해 AI를 세계인의 가슴 속에 최첨단 기술로 각인시켰다.

얼마 전에 필자가 같은 학과 동료 교수들을 상대로 간단한 설문 조사를 했는데, 설문 내용은 '출신 고등학교에 따른 학부생과 대학원생들에 대한 만족도'였다. 교수들의 만족도는 대학생의 경우 영재고, 과학고, 일반고 순이었지만, 대학원생의 경우는 일반고, 과학고, 영재고로 그 순서가 정반대로 뒤바뀌었다. 설문에 참여한 교수들의 숫자도 적고 비공식적인 조사여서 그 신빙성과 정확도에 대해서는 조심스럽지만, 중고등학교에서의 공부와 대학에서의 연구 그리고 사회에서의 성공과 관련해 나름 시사하는 바가 있지 않을까 싶다.

공부와 연구에 대한 필자의 경험 가운데 또 다른 하나는 군학 프로그램이다. 군학 프로그램은 사관학교 졸업 후 혹은 학사 장교로 수년간 군 복무를 하다가 대학원 과정으로 들어오는 경우인데, 일반적으로 전방에서 중대장을 마친 대위 계급의 장교들이 석사 과정으로 들어온다.

필자는 과거 8년 동안 매년 한 명씩 여덟 명의 군학 장교를 지도한 경험이 있는데, 여덟 명 모두 우수한 연구 성과를 내었다. 심지어 한 장교의 경우에는 필자가 국방부에 박사 과정으로 꼭 진학시키고 싶다는 탄원서를 제출하기도 했다. 사관학교 혹은 대학 졸업 후 군학 장교로 파견될 때까지 5~6년 동안 공부의 끈을 놓았을 장교들이 KAIST 대학원에 진학해 순조롭게 적응하고 우수한 연구 성과를 내는 모습을 보면서, 사관학교의 교육과 선발된 장교들의 마음가짐과 열정 혹은 사명감이 중요한 성공 요인이 아니었을까 하는 생각을 하곤 했다.

첨단을 하지 마세요

고등학생이나 학부모 대상의 강연에서 자주 받는 질문 가운데 하나는 "어느 분야 혹은 어떤 학과가 전망이 좋은가?"인데, 주식 전문가에게 "어느 회사 주식을 사야 나중에 값이 많이 오르는가?"라는 질문과 맥을 같이 하는 것 같다.

필자는 주식에 대해서는 문외한이지만 전설적인 주식 투자가 워런 버핏과 관련된 몇 가지 이야기들은 알고 있다. 그는 장기 투자에 집중하는데 주식의 평균 보유 기간이 20년을 넘는다고 하고, 시류에 편승하지 않는 것으로도 유명해 아직도 스마트폰이 없다고 전해진다. 또 하나 그는 "자기 자신을 사랑하라. 그러면 당신은 원하는 것을 얻게 된다"고 말했다고 한다.

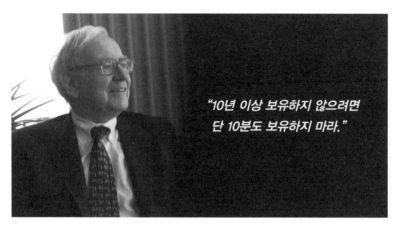

"10년 이상 보유하지 않으려면
단 10분도 보유하지 마라."

워런 버핏

교육을 흔히 백년지계라고 하는데 인생사에서 교육보다 더 긴 안목으로 준비하고 지켜보아야 할 투자는 없을 것 같다. 특히, 국가 교육 정책은 한 세대 혹은 최소 십 년 뒤를 바라보고 준비하고 실행해야 하는데, 시류에 쉽게 휩쓸리는 교육 정책과 일관성 없이 수시로 바뀌는 입시 제도 그리고 그로 인해 함께 출렁이는 우리의 교육 현장은 일희일비하는 단타성 주식 시장과 같아 우리 사회를 더욱 혼란스럽게 만든다.

시류에 편승하지 않는 것도 교육에서는 매우 중요한데 대학에서 배운 전공 지식을 가장 잘 활용할 수 있는 시기가 30대 중반 혹은 40대 초반 즉 대학 입학 후 최소 15~20년 후의 미래라는 것을 감안할 때, 대학 입학 시절 20년 후의 미래를 예상하여 전망이 좋은 학과를 결정한다는 것이 얼마나 부질없는 일인지 새삼 느낄 수 있다.

공과 대학의 경우 1960년대 화학공학과를 시작으로 경제 발전과 국가 주력 산업의 변화에 따라 섬유, 조선, 기계, 전자공학과 등의 순으로 많은 학과들의 선호도가 들쑥날쑥 했다. 대학 입시 전략만을 생각하면 역설적으로 입학 때 가장 인기가 없어 커트라인이 낮은 학과를 지원하는 것이 어쩌면 나름 현명한 선택일 수 있다.

의과 대학의 경우에도 인기 학과 쏠림 현상이 있다고 한다. 과거에는 산부인과, 내과, 외과, 소아과가 인기가 높았고, 중간에 안과, 이비인후과, 피부과를 거쳐서 오늘날에는 재활의학과, 영상의학과가 인기가 좋다고 한다. 그런 측면에서 올해 의과 대학에 들어가는 신입생들이 20~30년 후 어떤 전공이 가장 좋을지 예측하는 것도 역시 부질없는 일이다.

첨단 분야를 이야기할 때 필자는 스마트폰과 관련해 세 개의 질문을 던지며 손을 들라 하는데, '지금 스마트폰이 없는 사람?' '15년 전에 스마트폰이 있었던 사람?' 그리고 '15년 후에도 스마트폰이 있을 것이라 생각하는 사람?'이다.* 첫 번째와 두 번째 질문에 손을 드는 사람은 당연히 없고 세 번째 질문에 대해서는 답변이 엇갈린다.

---

* 애플의 아이폰은 2007년 미국에서 처음 출시되었고 우리나라는 2009년 11월에 출시되었다. 참고로, 안드로이드 기반의 삼성 갤럭시 스마트폰은 2010년에 처음 출시되었다.

오늘날 스마트폰 없이 살아가는 일상은 하루도 상상하기 힘들다. 통화는 물론 인터넷, SNS, 음악 감상, 사진 찍기, 금융 거래 등등. 우리는 하루 종일 스마트폰을 옆에 끼고 산다. 그런데 15년 전 우리나라에는 스마트폰이 없었고 사람들은 아무런 불편 없이 일상 생활을 영유하며 살았었다. 15년 세월 동안 세상 사람들의 생활 패턴을 송두리째 바꾸어 놓은 스마트폰의 위력과 그를 뒷받침하는 과학기술들이 새삼스레 놀랍게 느껴진다.

한편, 과연 15년 후에도 스마트폰이 세상에 존재하고 있을까? 그리고 그때도 애플과 삼성이 세계 시장의 주도권을 잡고 있을까 ? 한때 세계 핸드폰 시장을 석권했던 '노키아'는 애플 아이폰의 등장과 함께 하루 아침에 사라졌다. 만일 앞으로 스마트폰을 대신할 '그 무엇'이 새롭게 발명되고, '그 무엇'을 중국 기업들이 선점하거나 우리 기업들이 더 이상 세계 최고가 아닐 수 있다는 가능성은 필자를 아찔하게 만든다. 결과적으로 스마트폰이 오늘날 첨단이니까 15~20년 후에도 첨단이어서 전망이 좋을 것이란 이야기를 필자는 쉽게 할 수 없다.

필자가 강연에서 던지는 또 다른 질문은 "스마트폰, 신발, 달걀 가운데 어떤 것이 첨단이고 전망이 좋은가?"이다. 대부분 쉽게 답이 나오는데 스마트폰이 첨단이고 신발과 달걀은 첨단이 아니며 그로 인해 스마트폰과 관련된 전공을 선택해야 한다는 것이다.

1980년대 부산시는 세계 최대의 신발 생산지로 1990년 1000여

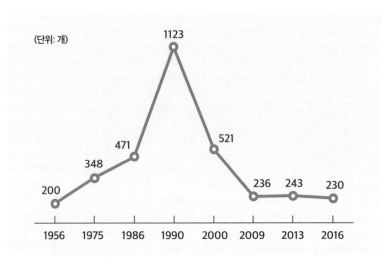

(단위: 개)

흥망성쇠 겪은 부산 신발 산업체 수

출처: 《한국경제》, 2019년 8월 4일

크록스 신발

출처: 크록스 홈페이지

개의 부산 기업들이 만들어낸 수출액은 43억 달러였다고 한다.[*] 아쉽게도 오늘날 부산은 신발 산업에 더 이상 과거와 같이 큰 관심과 많은 투자를 하고 있지 않지만 나이키는 여전히 신발로 전 세계에서 큰 부를 창출하고 있다.

바다에서 서핑을 하던 3명의 미국 청년들이 물이 잘 빠지는 신발을 생각하다 발명했다는 크록스 신발은 2003년 10억 원에서 2006년 4,000억 원으로 400배의 매출 신장을 기록하며 순식간에 전 세계의 이목을 집중시켰다. 부드럽지만 잘 닳지 않는 폴리머 소재를 신발에 적용하고 더 나아가 처음부터 구멍이 뻥뻥 뚫려 있는 모양을 생각한 발상의 전환과 엉뚱한 시도가 공학자의 한 사람으로 부러울 따름이다.

'20년 후 사람들은 어떤 신발을 신고 다닐까?' '날아라 슈퍼 보드'를 상상하면서 어쩌면 신발이야말로 영원히 사라지지 않고 앞으로 더 많은 진화를 거듭할 첨단 아이템일 것이다.

달걀을 사러 마트에 가보면 유정란, 유기농란, 방사란, 목초란, 오메가3란 등등 다양한 달걀들이 있고 가격 차도 큰데, 키우는 방법, 사료의 종류, 영양가와 맛, 그리고 환경 호르몬 유무의 차이에 따른 것 같다. 20년 후 달걀은 얼마나 다른 모습으로 마트에 놓여 있을까? 비타민 달걀, 칼슘 달걀, 파란색 달걀, 환자 맞춤형 달걀 등등. 오늘날 생명공학의 발전 속도를 감안할 때 필자는 감히 상상할 수 없고 상상을

---

[*] 《한국경제》, '부산, 신발 '메카'로 재부상한다', 2019년 8월 4일

한다 해도 그 상상을 훨씬 뛰어넘을 것 같다. 앞으로 20년 후 세계 사람들의 식탁에 오르는 새로운 달걀들에 대한 지적재산권이 오늘날 우리 학생들의 것이었으면 하는 막연한 기대를 가져본다.

필자는 지난 30여 년간 마이크로, 나노, 디스플레이, 바이오 등 소위 그 시대의 첨단 분야만 쫓아가며 연구를 했다. 하지만, 그 과정에서 필자가 경험한 것은 어느 첨단 분야에 가건 그곳에는 이미 오랜 기간 그 분야를 연구해왔던 연구자들이 있었다는 사실이다. 필자는 단지 선진 연구자들이 개척한 분야 혹은 사회적 관심으로 학문적 거품이 생긴 분야에 들어가 바삐 쫓아가는 것이 전부였고 그 결과 아무리 노력해도 1등이 될 수는 없었다.

알파고가 각광을 받게 되면서 AI에 대한 국가적 관심이 커지고 자율 주행 자동차는 이미 자동차의 새로운 대세가 되었다. 하지만, 필자는 AI와 자율 주행 자동차가 이미 20~30여 년 전에도 사회적 관심과 학문적 거품이 있었다는 사실을 기억한다. 다만, 그 이후에도 오랜 기간 꾸준히 자신의 분야에서 노력해온 연구자들이 세월이 지나 다시 각광을 받고 오늘날 새로운 산업의 주인공이 된 것뿐이다.

워런 버핏의 "자기 자신을 사랑하라. 그러면 당신은 원하는 것을 얻게 된다"는 말을 "자신이 좋아하고 하고 싶은 것을 열심히 하면 성공한다"는 말로 해석해 학생들에게 전하고 싶다. 세상에 어느 것 하나 첨단이 아닌 것은 없다. 자기가 좋아하고 잘하는 것 그리고 평생 동안 하면서 기쁨과 즐거움을 느낄 수 있는 것을 내 안에서 최고로 만들 때

제프리 힌턴 교수

세상은 그것을 '첨단'이라 일컫게 되는 것 같다.

　우리 교육이 더 이상 학생들을 시류에 휩쓸리지 않게 하고, 쓸데없는 잣대로 서열을 매겨 줄 세우지 않고, 각자의 타고난 능력을 찾아 기쁘고 즐겁게 최고가 될 수 있도록 길을 열어주는 교육으로 바뀌었으면 하는 바람이다.

　'딥러닝 deep learning'의 아버지인 캐나다 토론토대학의 제프리 힌턴 교수는 고등학교 때 자기보다 공부를 잘하던 친구로부터 쥐의 뇌에 관한 이야기를 듣고 뇌에 관심을 갖게 되었다고 한다. 대학에 들어가 생리학과 물리학을 공부하고 석사 과정에서는 심리학 그리고 박사 과정에서는 인공 신경망을 공부했는데, 고등학교 때 가졌던 뇌에 대한 막연한 관심이 그의 인생을 바꾸고 다시 수십 년의 연구 끝에 오늘날 세상을 뒤바꾸어 놓은 딥러닝 알고리즘을 있게 했다.

하지만 오랜 세월 힌턴 교수의 아이디어와 알고리즘에 대해서 학계에서는 많은 이견들과 냉대도 있었다고 하는데 힌턴 교수의 다음과 같은 말이 예사롭게 들리지 않는다. "30년 전에는 모두가 내 의견에 반대했는데 지금은 반대하는 사람이 없다."

4차 산업혁명과 우리 교육

'4차 산업혁명'*은 다보스 포럼이란 이름으로 더욱 많이 알려진 세계경제포럼의 설립자인 클라우스 슈밥 박사가 2015년 처음 언급했다. 과학기술적 측면에서 1, 2, 3차 산업혁명의 시작은 각각 증기기관의 발명, 전기의 산업적 이용, 컴퓨터 발명과 인터넷 등으로 간주되고 4차 산업혁명은 AI와 사물 인터넷IoT이라 할 수 있다. 아래 그림은 네번의 산업혁명과 관련된 핵심 과학기술을 보여준다.

네 차례의 산업혁명과 관련해 필자가 특히 주목하는 것은 시작 시점으로, 일반적으로 1차 산업혁명은 1750년, 2차는 1870년, 3차는

● 　클라우스 슈밥 박사가 2015년 《Foreign Affairs》에 기고한 칼럼에서 처음 언급되었고 2016년 다보스 포럼의 주제가 되었다.

제1차 산업혁명	제2차 산업혁명	제3차 산업혁명	제4차 산업혁명
18~19세기 초반	19세기 후반	20세기 후반	21세기
기계화	대량생산	디지털	융합
증기기관	전기·내연기관	컴퓨터·인터넷	IoT·AI· 가상물리시스템

산업혁명의 변천과 핵심 과학기술

출처: IRS Global.com

1950년* 그리고 4차는 2010년**으로 본다. 이 경우, 각각의 산업혁명 간의 시간 차이는 0~1차, 1~2차, 2~3차, 3~4차가 각각 1750년, 120년, 80년, 60년으로 이는 새로운 과학기술 개발과 그로 인한 사회 변화의 속도가 점점 빨라지고 있다는 사실을 의미한다.

- 1947년 벨 연구소에서 처음 트랜지스터 제작에 성공했고 최초의 컴퓨터 에니악ENIAC이 작동을 시작했다.
- 제프리 힌턴 교수는 2006년에 딥러닝의 기초가 되는 중요한 논문을 발표했고 2014년 논문에서 딥러닝이라는 용어를 처음 사용했다.

이 경우, 5차 산업혁명은 시작 지점인 2010년에서 30년이 지난 2040년쯤이 될 것 같고 6차 산업혁명은 10년 후인 2050년으로 더욱 앞당겨질 수도 있다. 참고로, AI가 인간의 지적 능력을 뛰어넘는다는 '기술적 특이점technological singularity'이 일어나는 시점을 2040년 경이라 예측하는 상황에서, 기술적 특이점과 5차 산업혁명 시작점이 겹치는 것을 우연의 일치라고 넘기기에는 조심스럽다.

이렇게 빠르게 진보하는 과학기술과 그로 인해 더욱 빠르게 격변할 미래 사회 속에서 4차 산업혁명의 개념을 산업적으로 받아들이고 대응하는 것은 지극히 타당한 전략이지만, 무턱대고 교육에 적용하는 것은 자칫 바람직하지 않을 수 있다. 30~40년 뒤 우리 아이들은 이미 5차를 넘어 6차 산업혁명 시대에 살고 있을 것이고 그때에는 어쩌면 5년마다 새로운 산업혁명이 일어날 수도 있기 때문이다.

결론적으로 필자는 4차 산업혁명에 대응하는 교육이라는 주제에 다소 부정적이다. 교육, 특히 초중등 교육은 눈앞에 벌어지는 변화와 현상에 빠르게 대응하기보다는 보다 더 멀리 보면서 앞으로 일어날 어떠한 변화에도 잘 적응하고, 오히려 새로운 산업혁명을 선도적으로 이끌어갈 인재를 키워나가는 방향으로 진행되어야 한다.

예를 들어, AI 코딩 교육을 군 입대자 교육 또는 대학에서 기초 필수 과목으로 시행하는 방안에는 찬성이나 초등학교에서 시행하는 것은 바람직하지 않을 수 있다는 것이다.

2019년 11월 필자는 국내 자동차 업계 관계자들과 연구 미팅을 했는데, 2030년 이후에는 전기차만 생산할 계획이어서 앞으로 엔진 과 관련된 새로운 연구 개발이 더 이상 없을 것이란 이야기를 들었다. 그 다음날 기계공학과 동료 교수들에게 이런 이야기를 전했더니, 이 구동성으로 필자의 귀가 너무 얇다며 "말도 안 된다"는 반응이었다.

하지만, 당시 67달러였던 전기 자동차 기업인 테슬라의 주가는 2년 후 2021년 11월 1,200달러까지 급등했다. 2021년 9월 현대차 의 고급 브랜드 제너시스는 2025년부터 전기차만 생산할 것이라 발 표했고, 며칠 후 신문 1면에는 "전기차 달리는데, 대학은 기름차만 가 르친다"는 기사가 실렸다.[•]

오늘날 세상은 우리가 예상하는 것보다 훨씬 빠르게 변화하고 있 는 것만은 확실하다. 그리고 이렇게 급변하는 세상 속에서 아이들에 게 어떤 교육을 제공해야 미래 사회 속에서 더욱 행복하고 충분한 글 로벌 경쟁력을 갖게 할 수 있을지 교육자이자 학부모의 한 사람으로 고민이 더욱 깊어진다.

참고로, KAIST는 전 세계적으로 AI 분야가 특히 강한 대학 가운 데 하나다. AI 대학원이 따로 있고 AI 관련 모든 교수들을 모아 AI 연 구원을 설립하기도 했다. 2021년 기준으로 KAIST의 AI 분야는 세계 5등[••]으로 미국의 카네기 멜론CMU, 버클리, MIT, 스탠퍼드 바로 뒤에

•   《조선일보》, '전기차 달리는데, 대학은 기름차만 가르친다', 2021년 9월 9일
•• AI 분야 세계 최고 학회인 국제 머신 러닝 학회ICML와 인공 신경망 학회NeurIPS 대학 별 논문 수 기준

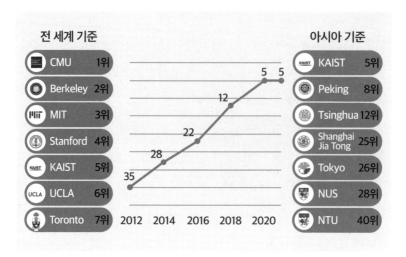

전 세계 기준

CMU	1위
Berkeley	2위
MIT	3위
Stanford	4위
KAIST	5위
UCLA	6위
Toronto	7위

아시아 기준

KAIST	5위
Peking	8위
Tsinghua	12위
Shanghai Jia Tong	25위
Tokyo	26위
NUS	28위
NTU	40위

KAIST AI 분야 세계 순위

출처: 《카이스트신문》, 2022년 8월 4일

있으며 아시아에서는 중국 베이징대(8등), 칭화대(12등), 일본 도쿄대 (26등)를 앞서고 있다.

하지만 KAIST는 이미 포스트 AI를 이야기하고 있고, 필자는 AI 전공 교수들에게 AI도 조만간 최첨단 기술cutting edge technology의 위치에 서 내려와 도구적인 기술tool technology 그리고 궁극적으로 생산기술production technology이 될 것이라 이야기한다.

참고로, 새로운 기술이 처음 연구개발 되는 초기에는 최첨단 기술 로 소수의 연구자 혹은 연구 집단들이 기술을 독점하고 연구개발을 주도한다. 하지만, 시간이 흘러 기술이 알려지고 퍼져나가게 되면 보다 많은 사람들이 이용하면서 다양한 응용을 위한 도구 기술로 발전하고 상품화되면서 최종적으로 공장에서의 생산 기술로 자리 잡게 된다.

30년 전인 1990년대 초, 필자의 연구 주제는 당시 최첨단이었던 마이크로 기술이었는데, 10년이 채 못 가서 세상은 나노기술을 이야기하기 시작했고 2008년에는 KAIST에는 나노과학기술 대학원이 설립되었다. 10여 년의 세월이 한 번 더 지난 오늘날 나노기술을 첨단이라 칭하는 사람들은 많지 않고, 나노과학기술 대학원도 더는 신입생을 선발하지 않고 있다. 이미 나노기술이 도구기술과 생산기술로 자리를 옮겼기 때문이다.

더 이상 우리의 교육이 4차 산업혁명이나 AI 같은 시류 혹은 빠른 변화에 쉽게 좌우되고, 그로 인해 우리 아이들이 매번 실속 없이 종종 걸음으로 뒤만 쫓아가는 일이 벌어지지 않았으면 좋겠다. 오히려 교육은 아이들이 즐거운 마음으로 새로운 배움과 변화를 받아들이고, 흥미와 엉뚱함 그리고 발상의 전환을 통해서 새로운 변화를 이끌어내는 미래의 주역이 되도록 도와야 한다.

백주부 백종원과 개통령 강형욱

필자의 초등학교 시절 학교에서는 학생들의 장래 희망을 조사하곤 했는데 당시에는 과학자가 항상 높은 순위에 있었고 필자도 과학자를 꿈꾸는 많은 학생들 가운데 하나였다. 어린 시절 과학자에 대해서 잘 아는 것은 없었지만 "기술이 있으면 세상이 변해도 굶지 않는다"는 부모님의 소박한 바람, 아폴로 우주선, 그리고 우주소년 아톰의 영향이 아니었나 싶다. 세월이 흘러 과학자의 길을 걷고 있는 필자는 어린 시절의 꿈을 이룬 것 같아 마음 한 켠에 뿌듯함이 있다.

50년 전 장래 희망의 높은 순위에 요리사는 없었던 것으로 기억이 나는데, 짜장면이 최고의 음식이고 탕수육은 귀한 요리였던 그 시절 오늘날의 요리사를 상상할 수 있었던 학생은 없었을 것 같다. 이제 세상은 변해서 유튜브에서는 먹방이 유행하고 미슐랭이란 단어가 익숙해지며 TV에서는 유명 요리사들이 나와 요리 경연 대회를 펼치는 세상이 되었다. 학생들의 장래 희망 순위에도 요리사는 높은 순위에 오른다고 하는데 필자가 요리사를 언급하는 이유는 백종원 씨에 대해 이야기하고자 함이다.

필자는 요리연구가 백종원 씨를 존경한다. 한 번도 만나본 적이 없고 요리에도 관심이 없는 필자가 그를 존경하게 된 까닭은 '호떡' 때문이다. 평소처럼 무덤덤하게 TV를 보고 있던 어느 날, 그의 호떡 먹는 모습을 보게 되었는데 그 장면은 아직도 필자의 머리에 생생하다.

여느 때처럼 식당을 방문한 그에게 주인 아저씨는 음식과 함께 호떡을 내오면서 "호떡 먹는 방법을 아시느냐?"며 뜬금없는 질문과 함께 그의 호떡 먹는 모습을 지켜보았다. 그는 "혹시 틀리면 알려 달라"

백종원 더본 대표의 호떡 먹는 방법

며 호떡을 먹기 시작했고, 그 모습을 본 주인 아저씨는 웃으며 "맞게 먹는다"며 그를 인정해 주었다.

비록 짧은 순간이었지만 두 사람의 대화는 필자에게 '고승들이 주고 받는 선문답' 같았다. 위 사진은 인터넷에 올라와 있는 '백종원의 호떡' 사진이다. 그는 호떡 가운데를 갈라서 접어 먹었는데, 당시 필자가 느낀 생각은 '흔한 호떡을 먹을 때도 최고의 맛을 생각하는구나'는 것이었다. 순간 저명한 국제 학술 대회에서 세계적인 대가를 만났을 때와 같은 경외감이 솟구쳤는데 자신의 분야를 진정으로 사랑하고 탁월한 실력을 겸비한 대가의 모습이었다.

그날 이후 필자도 나중에 호떡을 먹을 기회가 생기면 꼭 저렇게 먹어보겠다고 다짐을 했지만 몇 년이 지난 오늘날까지 필자는 실행에 옮기지 않고 있다. 이유는 너무도 단순한데 맛에 대한 애정이나 호기심이 특별하지 않은 필자가 호떡을 조금 더 맛있게 먹어보겠다고 호들갑을 떨 필요가 없기 때문이다. 즉, '맛'은 필자의 관심 분야가 아니다.

필자가 어렸을 때 여름철 복날이면 어른들은 보신탕을 드시곤 했지만 사회적으로 큰 거부감이 없었고, 개를 키우는 가정들도 마당에서 키웠지 오늘날같이 방 안에서 키우는 경우는 드물었다. 30여 년전 필자의 미국 유학 시절 경험했던 문화 충격 가운데 하나는 개를 위한 의료 보험이 있다는 것과 강의실 밖에서 기다리는 개들의 모습이었다. 오늘날 우리 사회도 강아지에게 '반려견' 혹은 '입양'이라는 단어를 사용하고 심지어 TV에는 강아지 전용 채널도 생겨났다.

강아지를 키워본 경험이 없는 필자조차 '개통령'으로 불리우는 강형욱 씨를 알고 있는데, 그는 어린 시절 일찌감치 반려견 훈련사의 꿈을 갖고 중학교 때 반려견 훈련소에 견습생으로 들어갔으며 고등학교는 2주일에 한 번만 학교에 가는 방송 통신 학교를 다녔다고 한다.

오늘날 관점에서 어쩌면 의도치 않게 반려견 훈련사를 위한 조기영재 교육 과정을 밟은 셈인데, 강아지의 마음을 이해하고 훈련시키는 그의 모습을 보다 보면 강아지들에 대한 그의 애정과 훈련사로서의 탁월함을 넘어 인간 관계와 자녀 교육의 방향까지 다시 한번 생각하게 된다.

필자가 두 사람을 바라보면서 느끼는 공통된 생각은 '참 행복하겠구나' 하는 것인데 자신이 좋아하고 사랑하고 누구보다 잘할 수 있는 분야에서 일을 하고 있어서다. 더구나 그 일을 통해서 다른 사람들에게 많은 도움을 주고 부와 명예도 함께 얻을 수 있다면 더할 나위 없다.

하지만, 막연히 두 분의 중고등학교 시절을 상상해보면 우리의 교육 환경 속에서 두 분의 중고등학교 시절이 그렇게 성공적이거나 순탄하지 않았을 것 같아 한편으로 마음이 편하지 않다. 필자의 경우 중고등학교 시절이 비교적 순탄했음에도 그 시절에 받았던 교육에 아쉬움과 불만이 많고 당시의 교육 내용들이 필자의 꿈과 재능에 별다른 도움이 못 되었기 때문이다.

언젠가 지인이 자신의 아이가 '개 심리학자'가 되기 위해 하버드 대학에 가는 꿈을 가지고 있다는 이야기를 했다. 처음 들어보는 개 심리학이란 단어에 식사 중임에도 깔깔대며 웃었던 필자가 집에 와 찾아보니, 개 심리학canine psychology은 이미 학문적으로 나름 의미 있는 분야로 인지과학, 뇌과학, 혹은 뇌 영상 기법 등과도 연계되어 있다는 것을 알게 되었다. 과거 요리 전문가와 반려견 훈련사의 꿈을 키웠던 백종원 씨와 강형욱 씨와 같이 또다시 필자가 상상하지 못하는 미래 세상의 '개 심리학자'의 꿈을 어린 아이의 치기 어린 생각으로 치부하며 웃었던 필자가 순간 부끄러웠다.

수십 년 전 사람들은 성공을 위해서는 고시 패스와 같은 몇 가지 좁은 길만 있다고 믿었지만, 당시 사회 통념상 상대적으로 볼품없게 보였던 다른 많은 길들에 도전했던 사람들이 오늘날 해당 분야의 대가가 되어서 사회 전반에 더 많은 기여를 하고 부와 명예를 누리고 있는 것을 본다.

앞으로 전개될 4차 그리고 5차 산업혁명의 새로운 미래에는 우리가 상상할 수 없는 더 많은 길들이 펼쳐질 것이다. 상상 속의 그 많은 길들 위에서 우리의 아이들이 각자의 영재성을 마음껏 발휘해 30년 후에 대가가 되고 개인의 행복은 물론 국가 발전에도 큰 기여를 할 수 있기를 바라는 마음이다. 그를 위해 우리의 교육은 반드시 바뀌어져야 한다.

공장 같은 학교와 연구소 같은 학교

1960, 70년대 우리나라가 배고픔과 가난 속에서 벗어나지 못했던 시절, 대부분의 국민들은 농촌에서 어렵게 살았고 산업은 걸음마 단계여서 일자리는 항상 부족했다. 젊은이들은 일자리를 찾아 아무런 준비나 계획 없이 서울로 올라가곤 했는데 당시 사회는 이를 '무작정 상경'이라 불렀다. 가정마다 아이들은 많아서 가난한 부모님들은 장남 혹은 공부 잘하는 아이만을 학교에 보내고 나머지 아이들은 집안 농사일을 돕게 하기도 했다. 그 시절 마을 근처에 공장이 들어선다는 소식은 곧 새로운 일자리가 생긴다는 의미로 모든 마을 사람들은 기

무작정 상경

출처: 《경향신문》, 1965년 2월 6일

뻐하며 쌍수를 들어 환영했다.

당시 사회에서는 '성실과 근면'이 매우 중요하게 강조되어 회사와 공장에서는 새벽부터 밤늦게까지 그리고 주말에도 일하는 것이 당연시 되었고, 학교에서는 학생들에게 더 많은 지식을 가르치고자 하는 열정과 노력들이 있었다. 또한 공부를 잘하는 학생에게 주는 우등상과 함께 하루도 빠지지 않고 학교에 나온 학생에게 주는 개근상도 높게 쳐주었다. 당시 어른들의 그 많은 노력과 수고가 우리나라의 경제

구글 연구소 전경

출처: 구글 공식 홈페이지

발전에 밑거름이 되었다는 사실은 의심의 여지가 없다.

수십 년의 세월이 흘러 국민 소득이 3만 달러를 상회하는 오늘날 우리 사회에서 더 이상 과거의 배고픔과 가난 혹은 못 배운 한을 찾기는 쉽지 않다. 환영받던 공장은 오히려 환경 유해 시설로 인식되어 우리 마을에는 들어올 수 없다는 님비 현상의 대상이 되었고, 공장에서의 단순하고 힘든 작업들은 외국인 근로자들의 몫이 된 지 이미 오래되었다.

오늘날 기피 대상이 된 '공장'과 비교해 상대적으로 환영받는 시설은 '연구소'일 것이다. 수많은 첨단 기업들과 연구소들이 몰려 있는 미국의 실리콘밸리는 꿈과 도전의 공간으로 세계인들이 누구나 한 번쯤은 일하고 싶어하는 곳이다. 왼쪽의 사진은 어른들을 위한 놀이 공간과 같은 구글 연구소의 모습으로 이런 연구소가 내가 사는 도시에 들어오고 우리 아이들이 이런 곳에서 일하는 모습은 상상 만으로도 뿌듯한 기분이 든다.

이런 새로운 환경에서는 과거의 '성실과 근면' 보다 '재미, 상상력, 도전, 창의'가 더 자주 거론되고 중요할 것 같은데, 이상적인 일터가 공장에서 연구소로 패러다임이 바뀌었다는 것과 교육은 어떤 관계가 있을까?

1915년 IBM이 회사 슬로건으로 'Think'를 들고 나온 지 백여 년이 훌쩍 넘은 오늘날에도 우리 교육은 학생들에게 생각할 시간과 기회를 제대로 주고 있지 못하는데, 1997년 애플은 IBM의 'Think'에 단어 하나를 더해 애플의 정신 'Think Different'를 이야기했다. 세상은 이렇게 'Think'에서 'Think Different'로 혹은 'Do the right thing(구글)', 'Work hard, Have fun, Make history(아마존)' 등으로 저 멀리 앞서가고 있는데, 우리 교육은 아직도 수십 년 전의 '성실과 근면'에 너무 오래 머물러 있는 것은 아닌가 싶다.

물론 우리도 교육 목표에 창의, 도전, 전인 교육 등을 언급하고 있다며 반론을 제기할 수도 있겠지만, 실제 교육 현장에서의 교육 목표는 대학 입시로 단순화되고 이를 위한 문제풀이식 교육과 그에 걸맞

"I think, therefore IBM."

IBM

IBM의 슬로건

출처: IBM 공식 홈페이지

Think Different

애플의 슬로건

출처: 애플 공식 홈페이지

은 성실과 근면만이 강조되고 있는 것은 의심할 여지가 없다.

공장에서 생산되는 제품들은 제각기 다른 수제품들과 달리 모두 다 똑같다는 장점이 있는데, 간혹 조금 다르게 나온 것들은 불량품으로 분류되어 싼 가격에 팔리거나 폐기 처분된다. 반면에 연구소에서는 다른 사람과 같은 내용을 연구하는 것은 '표절'이라 일컬으며 금기

WORK HARD, HAVE FUN, MAKE HISTORY

아마존의 슬로건

시한다. 연구소에서는 다른 사람과 다른 생각만이 살아남고 심지어 다름을 넘어 이전까지 존재하지 않았던 것을 처음으로 생각하고 연구하면 그 가치는 더욱 높아져 특허로 큰 보상을 받기도 한다. 명실상부 'Think First'의 세상이다.

구글의 슬로건

과거 우리 사회가 가난하고 배움이 부족했던 시절, 학교는 공장과 같이 균일화된 내용으로 균일한 인재들을 남들보다 빠르게 생산했고 그로 인해 국가 발전의 견인차 역할을 성공적으로 수행했다. 하지만, 수십 년의 세월이 흐른 오늘날까지 아직도 변함이 없는 공장식 교육은 마치 아파트 단지 한복판에 덩그러니 놓여 있는 공장과 같이 오히려 우리 사회의 발전을 저해하는 요인이 되었다. 한편으로는 그동안 콩나물 교실도 사라지고 교실마다 에어컨과 공기 청정기가 설치되어 있다며 교육 환경의 개선과 발전을 언급하기도 하겠지만 필자는 그저 시설이 개선된 '좋은 공장 같은 학교'라 평가하고 싶다.

학교가 더 이상 대학 입시라는 고지를 향해 맹목적으로 뛰게 하는 그래서 공장처럼 똑같은 생각을 하게 하고 같은 답을 말하게 가르치는 곳이 아니고, 연구소처럼 마음껏 상상하고 도전하고 그리고 실패하는 경험을 쌓을 수 있는 곳이었으면 좋겠다. 남들과 다름을 배우고 다름을 이해하고 인정하며 더 나아가 스스로 다름을 창조할 수 있도록 우리 교육은 반드시 달라져야 한다.

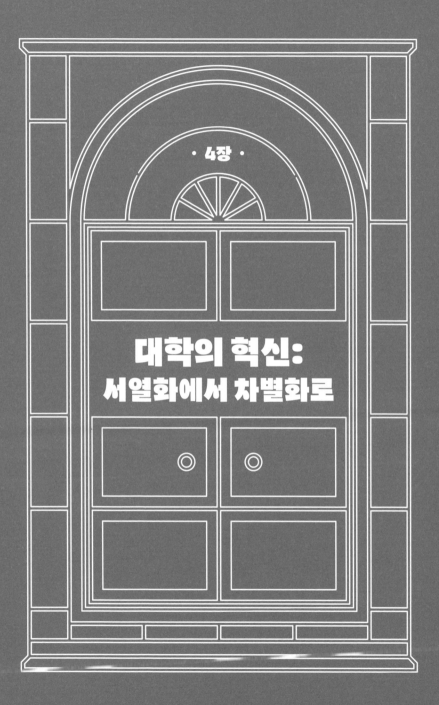

· 4장 ·

대학의 혁신:
서열화에서 차별화로

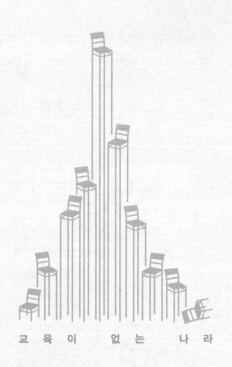

교 육 이 없 는 나 라

4장

대학의 혁신:
서열화에서 차별화로

대학의 위기 그리고 기회

우리나라 교육 기관의 역사는 372년에 세워진 고구려의 태학을 시작으로 신라의 국학, 고려의 국자감, 그리고 조선의 성균관으로 이어지는데, 대부분 귀족과 양반 등 상류층 자제들에게 유학을 가르쳐 고급 관리로 양성하는 것이 목적이었다.

근대식 중고등 교육 기관은 1883년에 세워진 원산학사가 최초이고 1886년에 세워진 육영공원이 최초의 공립 학교로 뒤를 잇는다. 19세기 말 외국인 선교사들에 의해 설립된 교육 기관으로는 배재, 이화, 구세학당 등이 있다. 이후 어지러운 국내외 정세 속에서 교육을 통한 신학문의 수용이 국권 수호의 근본으로 인식되면서 많은 근대식

문자보급운동
출처: 《조선일보》, 1931년 1월 1일

학교들이 설립되었다.

일제시대 교육은 크게 위축되어 오늘날 중학교에 해당하는 고등보통학교는 1930년대 전국에 40여 개 정도였고, 진학률은 적령기 인구 대비 2퍼센트 미만으로 고등보통학교 입학 자체가 사회적 특권으로 간주되었다. 전 국민의 문맹률이 70퍼센트를 넘는 당시 상황에서 문자 보급 운동의 구호였던 "아는 것이 힘, 배워야 산다"는 암울했던 식민지 시대의 절박함과 함께 비장함마저 느끼게 한다.

한편, 3.1운동 이후 민족 지도자들은 '민립 대학 설립 운동'을 전개했는데, 이를 봉쇄할 목적으로 일제는 1924년 경성제국대학을 설립했고 이는 해방 때까지 한반도의 유일한 대학이었다. 다른 제국 대학들과 달리 식민 통치에 직접 활용될 수 있는 법학부와 의학부만 설치되었고 이공학부는 일제의 침략 전쟁으로 이공계 인력 수급이 급박해진 1941년에 추가되었다.

해방 후 경성제국대학은 전문학교들과 통합되어 서울대가 되었고 이화, 연희, 보성 전문학교 등이 이화여대, 연세대, 고려대 등으로 승격되면서 많은 신생 대학들이 설립되었다. 대학 교육을 제대로 받은

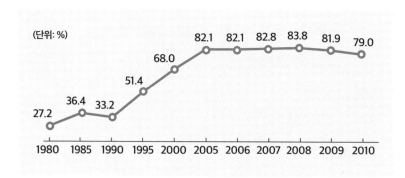

(단위: %)

27.2 36.4 33.2 51.4 68.0 82.1 82.1 82.8 83.8 81.9 79.0

1980 1985 1990 1995 2000 2005 2006 2007 2008 2009 2010

1980~2010년까지 대학 진학률 변화 추이

출처: 한국교육개발원

인재들이 턱없이 부족했고 대학 교육에 대한 인식이 빈약했던 시절, 갑작스런 대학 설립과 급격한 양적 확대는 불가피하게 구조적으로 많은 문제들을 초래했다. 이러한 양적 확대에도 1970년대까지 고등학교 졸업생들의 대학 진학률은 20퍼센트대로 대학과 대학생은 '상아탑'* 혹은 '지성인'이라 불리우며 여전히 선망의 대상이었다.

이후 대학 진학률은 1980년 27.2퍼센트에서 가파르게 증가해 2008년 83.8퍼센트로 세계 최고를 기록한 후 감소 추세로 돌아서 2021년에는 74퍼센트가 되었다. 참고로, 같은 기간 국민 소

---

* Ivory tower, 속세를 떠나 조용히 예술을 사랑하는 태도나 현실에서 도피하는 학구적인 태도를 이르는 말로 대학 또는 대학의 연구실을 지칭하기도 한다.

출생아 수 변동 추이

출처: 《중앙일보》, 2020년 8월 26일

득은 1980년 1,500달러에서 2008년 19,000달러 그리고 2021년 35,000달러로 꾸준히 증가되었다. 오늘날 국민 소득 35,000달러와 대학 진학률 74퍼센트의 모범적인 교육 선진국의 겉모습 속에 우리나라의 대학들은 역설적으로 절체절명의 벼랑 끝 위기에 놓여있다.

가장 큰 원인은 인구절벽으로 표현되는 학령 인구의 감소이다. 1970년 백만 명이었던 출생아 수는 1980년 86만 명과 1990년 65만 명으로 계속 줄어들어 2021년 대학 입시 지원자인 2002년생은 50만

명이 채 안 되었다.* 그 사이 대학 정원은 1970년 출생아가 대학에 진학하던 1989년 35만 명에서 오늘날 56만 명으로 증가되어 있다. 즉, 대학 입시 모집 정원이 지원자보다 많아지는 상황 속에서 대학의 구조 조정은 더 이상 미룰 수 없는 당면 과제가 되었다.

또 다른 이유는 MOOC** 등 새로운 교육 방법의 도입 때문일 수 있다. 온라인 대학 강의인 MOOC는 무료로 하버드, 스탠퍼드, MIT 등의 세계 명문 대학의 강의를 쉽게 접할 수 있는데, "세계 모든 사람들에게 최고의 교육을 제공한다"는 글로벌 가치를 표방하고 있다.

물론 MOOC와 같은 온라인 강의가 상대적으로 낮은 수료율과 교수와 학생 간의 직접적인 교류의 한계 등의 문제점들은 있을 수 있으나, 학위를 목적으로 하는 기존 대학 제도와 달리 지식 전달 그 자체를 위한 플랫폼으로 폭넓은 확장성과 최고 수준의 강의 콘텐츠를 고려할 때 앞으로 그 성장 속도와 영향력은 더욱 빠르게 커질 것으로 전망된다. 그리고 그로 인해 교수와 강의실로 대변되는 기존 대학들의 존재와 필요성은 매우 심각하게 도전받게 되었다.

참고로, 미래학자 피터 드러커는 1997년 3월 《포브스》 기고문에서 "30년 후에 대학 캠퍼스는 역사적 유물이 될 것이다"라고 전망했는데 2027년까지 얼마 남지 않은 오늘날 그의 전망이 억측이고 비현실적

- 《중앙일보》, '진단 없이 210조 퍼붓기만 했다. 출산율 0.92명 또 최저', 2020년 8월 26일
- Massive Open Online Course, 개방형 온라인 과정

《포브스》 1997년 3월

출처: 《포브스》

이라고 말하기는 힘든 것 같다.

이런 와중에 결정적인 충격을 가져온 것이 팬데믹 상황이었다. 강의실에서의 대면 수업은 선택의 여지없이 100퍼센트 온라인 강의로 대체되었다. 학교와 학생들은 갑작스런 새로운 환경에 제대로 적응하지 못했고 그로 인한 휴학과 미등록 사태는 대학들에게 심각한 재정적 어려움을 가져왔다. 하지만, 이 모든 변화들이 새롭게 생겨난 것이 아니고 팬데믹으로 인해 단지 변화의 속도가 급속하게 빨라진 것뿐이라는 사실은 분명하다.

2021년 지방 사립대에 재직 중인 후배 교수가 질문을 했다. "학과 정원이 120명으로 2019년에는 120명을 다 채웠고 2020년에는 80명을 채웠는데 2021년에는 몇 명을 채웠을 것 같으냐?"는 것이었다. 50~60명을 답하는 필자에게 돌아온 후배 교수의 답은 20명이었다. "학과 운영이 가능하냐?"는 필자의 질문에 후배 교수는 답을 하지 않았다. 인구절벽 상황 속에서 지방 대학의 위기는 눈앞의 현실이 되었고 팬데믹으로 인해 이미 한계점에 도달했다.

앞으로 온라인으로 빠르게 넘어가는 시대의 큰 흐름 속에서 관련

기술에 가속도가 붙고 AI까지 접목될 경우 그 파급 효과와 발전 방향은 누구도 쉽게 예측하기 힘들 것 같다. 필자의 경우에도 처음에는 어색하고 불편했던 온라인 강의와 회의가 차츰 익숙해지면서 오히려 많은 장점들이 있다는 것을 경험하고 있는데, 팬데믹 상황이 끝난 후에도 완전히 과거로 돌아가기는 힘들 것 같다.

MOOC도 빠르게 진화하고 있다. MOOC 수료증만으로 그 학생의 지식을 판가름할 수 있고 직장에서의 업무 성과도 뛰어나다는 인식이 보편화된다면, 그래서 대학 졸업장이나 성적 증명서과 비교해 MOOC 수료증이 충분한 경쟁력을 갖게 된다면 어떨까. 필름 카메라와 함께 '코닥'이 무너지고 스마트폰 시대에 '노키아'가 추락한 것과 같이 대학들이 한순간에 없어질 수 있다는 위기감은 현실이 되었다.

오래전 몇 사람의 연예 기획자가 꿈꾸었던 하지만 결코 실현될 수 없을 것 같았던 세계 속의 한류는 오늘날 세계 1등《기생충》과 BTS, 그리고《오징어 게임》과 함께 세계적인 흐름의 중심이 되었다. 급변하는 오늘날 우리 교육 당국이 미래의 'K-교육'을 향한 용기와 지혜 그리고 시대적 안목을 가졌으면 하는 바람이다. 어차피 피해갈 수 없는 변화와 위기라면 오히려 한발 먼저 적극적으로 주도하는 것이 가장 현명한 선택이다. 현명한 자에게 위기는 최고의 기회가 될 수 있다.

학벌 사회와 순혈주의 그리고 근친 교배

오늘날 우리 사회는 학벌 사회이며 사회 계층화 혹은 수저의 대물림이 교육을 통해서 이어진다는 것이 사회적 통념이다. 일류 대학을 나오면 좋은 직장에 취직하기 쉽고 배우자 선택에 유리하며 경제적 수준도 높아 (사)교육을 통한 자녀들의 학벌 대물림도 용이하다는 것이다.

통계에 따르면 우리 국민의 76퍼센트가 학력에 의해서 인생이 결정된다고 믿고 있으며 학력으로 인해 불평등을 느낀다는 답변은 95퍼센트로 36퍼센트의 종교와 64퍼센트의 출생지와 비교해 훨씬 높다.[*] 따라서 대학은 반드시 나와야 한다는 비율은 86퍼센트이고 좋은 대학을 가기 위해서 재수와 편입을 해야 한다는 비율도 71퍼센트이다. 참고로, 대학을 나오지 않아도 성공할 수 있다는 비율은 36퍼센트이다.

신분 사회가 아닌 오늘날 민주 사회에서는 누구든지 스스로의 노력에 의해서 성공할 수 있고(자신의 수저 색깔을 바꿀 수 있고) 그것을 가장 합리적으로 가능케 하는 것이 교육 제도이어야 한다. 하지만, 오늘날 우리 사회에서 교육 제도가 오히려 역으로 작동하고 있다는 것 또

---

[*] 박경미 더불어민주당 의원실. 《한국일보》, '국민 76퍼센트 "학력이 인생 결정"… 학벌 사회 해소책 무기력', 2014년 12월 8일

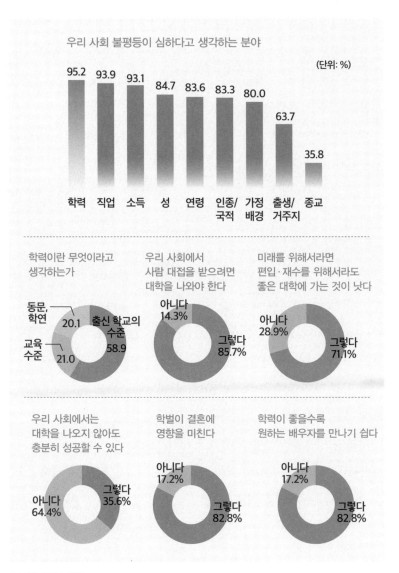

우리 사회 불평등이 심하다고 생각하는 분야

(단위: %)

95.2 93.9 93.1 84.7 83.6 83.3 80.0 63.7 35.8

학력 직업 소득 성 연령 인종/ 가정 출생/ 종교
국적 배경 거주지

학력이란 무엇이라고
생각하는가

동문,
학연 20.1 출신 학교의
수준
교육 58.9
수준 21.0

우리 사회에서
사람 대접을 받으려면
대학을 나와야 한다

아니다
14.3%

그렇다
85.7%

미래를 위해서라면
편입·재수를 위해서라도
좋은 대학에 가는 것이 낫다

아니다
28.9%

그렇다
71.1%

우리 사회에서는
대학을 나오지 않아도
충분히 성공할 수 있다

아니다
64.4%

그렇다
35.6%

학벌이 결혼에
영향을 미친다

아니다
17.2%

그렇다
82.8%

학력이 좋을수록
원하는 배우자를 만나기 쉽다

아니다
17.2%

그렇다
82.8%

한국은 학벌사회

출처: 한국리서치, 2014년 12월 조사분

한 부인할 수 없는 사실이다. 필자의 KAIST 입학처장 시절 경험에 비추어 보아도 KAIST 입학생들의 소득 수준은 상대적으로 높았는데, 높은 소득은 더 많은 사교육을 가능케 하고 과학고 혹은 영재고로의 진학을 통해 최종적으로 KAIST 입학으로 연결되는 것 같았다.

당시 필자도 '고른 기회 전형 확대' 등의 방법을 통해 나름 노력을 기울였지만, 거대한 흐름의 물줄기를 바꾸는 것이 일개 대학의 노력 여부 차원은 아니라는 것도 잘 알고 있다. 서울시의 경우 고소득층이 많이 사는 강남구의 서울대 합격률은 다른 구와 비교해 최대 21배 차이가 난다고 한다.*

이 글에서 필자가 언급하고자 하는 것은 사교육과 사회에서의 성공 사이에 있는 '대학 교육' 문제이다. 오늘날 우리 사회에서 사교육과 명문 대학 입학과의 상관관계가 높다는 것은 의심의 여지가 없지만, 사교육과 사회에서의 성공 간의 상관관계에 대해서는 앞으로 더욱 높아질 대학 교육의 비중을 고려할 때 결코 높을 수 없고 높으면 안 된다는 생각이다.

우리가 명문 대학들을 긍정적인 시각으로 볼 수 있는 이유는 명문 대학들이 제공하는 교육의 질이 높고 학생들이 열심히 공부하며 실력을 연마한다는 가정을 전제로 한다. 그리고 졸업생들이 사회에 나가

---

* 《한겨레신문》, '서울대 합격자, 강남구가 강북구의 21배', 2014년 8월 17일, ref. 〈경제 성장과 교육의 공정 경쟁〉, 《경제논집》 53권 1호

월등한 기량으로 사회에 긍정적인 기여를 한다면 명문 대학 혹은 학벌 사회에 대해 무턱대고 부정적인 시각을 갖기는 어려울 것이다.

하지만, 우리 사회는 명문 대학 졸업생들이 상대적으로 월등한 능력과 기량을 보인다고 생각하지 않으며, 오히려 출신 학교 이름을 배경으로 혹은 선후배 연줄로 정당한 경쟁을 저해하고 있다고 생각하기도 한다. 어찌 보면 교육의 질과 졸업생의 능력에 대해서 우리 사회에 충분한 신뢰를 주지 못한 명문 대학들의 책임도 적지 않은 것 같다.

과거에는 대학 교육의 수준 혹은 면학 분위기가 높지 않아 대학 입학 그 자체가 오히려 큰 의미를 가질 수 있었다. 명문 대학들도 그 이름만으로도 위상이 높아 졸업생들에게 높은 가치를 부여할 수 있었지만 오늘날까지 명문 대학 졸업생들에게 무조건적으로 높은 가치를 부여하는 데에는 무리가 있을 수 있다.

급속하게 다변화하는 사회 속에서 중고등학교 시절 공부는 대학에 들어가기 위한 수단일 뿐, 대학에서의 공부는 전혀 다른 방향으로 흐르고 대학원에서의 연구 또한 차원이 다른 문제이다. 더구나 입학이 졸업을 보장하는 우리 대학의 현실에서 사회에서의 기량과 능력을 대학 입시 성적, 즉 고등학교 성적으로 가름할 수 있다는 생각은 더욱더 시대착오적이다.

앞에서 이미 언급한 바와 같이 오늘날 학부 교육의 경우 대학 간의 수준 차이는 사회 통념과 달리 크지 않다. 비명문 대학들 중에서 부실한 재단 상황으로 교수들의 강의 부담이 매우 높은 경우, 혹은 학생들의 면학 의지가 낮아 강의가 제대로 이루어지지 못하는 경우 등은 별개로, 대학교수들의 수준은 어느 정도 상향 평준화되어 있기 때문이다. 오히려 명문 대학들의 경우 열심히 공부하는 학생들도 많지만, 입시 공부에 지쳐 대학에서는 쉬고 싶어하거나 이미 성공한 사람처럼 샴페인을 일찍 터뜨리는 경우 혹은 입학만을 목적으로 선택한 전공에 흥미를 가지지 못하는 경우도 다반사이다.

또한 명문대 교수들은 대학원생들과 연구에 더 많은 시간을 할애하여 학부생 지도와 강의에 상대적으로 소홀하기 쉽다. 이에 반해 비명문 대학들의 경우, 대학원생들이 없거나 상대적으로 적어 교수들은 학부생들과 더 많이 접촉하고 학부 강의에 집중하며 학부생들과 함께 연구를 진행하기도 한다. 또한 학생들 중에는 뒤늦게 철들어 새롭게 시작된 전공 공부에 매진하는 경우도 많다. 즉, 대학에 들어오면 모든 것들이 새롭게 다시 시작된다. 게임의 룰이 바뀌고 새로운 게임이 시작되는 것이다.

대학 교육이 정립된 오늘날 과거와 같이 대학 이름만으로 실력이 인정되는 사회는 점점 발 붙일 곳이 없어져야 하는데, 중고등학교 성적으로 결정되는 대학 이름보다 대학에 들어와 쌓은 전공 실력과 다양한 경험들을 잣대로 평가하는 것이 훨씬 합리적이기 때문이다.

학계에 존재하는 학벌의 병폐 가운데 대표적인 예로 '순혈주의'가 있는데, 높은 모교 출신 교수 비율 혹은 학부와 대학원을 같은 대학에서 나오는 경우 등을 일컫는다. 우리 사회에서는 너무도 당연시되고 때로는 자랑거리가 되기도 하지만 외국에서는 '지적 근친 교배intellec-tual inbreeding'라는 매우 부정적인 단어를 사용하며 엄격히 피하고자 하는 사항이다. 물론 과거 시절 우리 사회의 당시 상황에서 순혈주의의 불가피성이 어느 정도 이해될 수도 있으나 오늘날까지도 지속되고 있다면 마땅히 지적되고 고쳐나가야 할 사항이다.

명문 대학들의 자랑거리가 더 이상 입학생들의 높은 내신 등급과 수능 점수가 아니고 수준 높은 강의, 치열한 학습 풍토, 뛰어난 연구 성과, 더 나아가 올바른 사회 기여도가 되었으면 하는 바람이다. 어쩌면 학벌 사회의 근저에는 탄탄한 실력을 바탕으로 한 자신감보다 대학 이름 뒤에 숨어버린 속 빈 강정 같은 공허함이 더 짙은 것 같다.

앞으로 대학 교육이 더욱 자리를 잡아 대학들은 입학보다 졸업이 훨씬 더 어려워지고, 어느 대학에 진학하든지 그 대학에서 최선을 다해 전공 실력을 쌓은 사람들이 인정받는 사회가 되었으면 한다. 우리 사회가 치졸한 학벌 사회의 틀을 떨쳐버리고 명문 대학들은 뛰어난 실력과 능력으로 진정 존경받을 수 있게 되기를 바라는 마음이다. 앞으로 대학은 더 이상 계층 차별화의 도구가 아니고 모든 국민들의 지적 수준과 직업 소양을 향상시키는 최선의 장소 그리고 자신의 노력만으로 계층을 바꿀 수 있는 가장 쉬운 길이 되어야 한다.

학벌 사회와 서열화된 대학, 그리고 가장 큰 피해자

필자가 초등학교 시절 불렀던 노랫말 가운데 '태정태세문단세~'가 있었다. 이는 조선시대 왕조의 계보인데 요즘 고등학생들은 다른 계보를 외운다. '서연고서성한중경~', '인서울in Seoul' 대학 서열이다.

오늘날 무한 경쟁 사회에서 점수와 서열은 모든 곳에 존재하며 우수성 혹은 경쟁력을 판단하는 중요한 잣대이다. 회사들은 매출액 혹은 시가 총액으로 서열이 정해지고 프로 축구팀은 리그 순위 그리고 선수들은 연봉 순이다.

우리나라의 대학들은 입학생의 내신 등급과 수능 성적 등으로 서열이 정해지는데, 입시철 대형 학원들이 제공하는 '지원 가능 대학 배치표'는 학부모와 수험생들에게 큰 영향력을 발휘하며 대학과 학과의 서열을 결정하는 기준이 된다. 또한 대학 입시가 마무리되는 시점에 발표되는 고등학교들의 의대와 서울대 합격생 수는 전국 고등학교의 서열을 결정한다.

서열화된 대학 체계에서는 자신이 좋아하는 대학교 혹은 자신의 적성에 맞는 전공은 존재하지 않는다. 오랫동안 꿈꾸어왔던 대학교도 운 좋게 더 잘 나온 점수를 받고 나면 아무런 망설임 없이 상위 대학으로 마음이 바뀐다. 어릴 적부터 로봇을 만드는 과학자가 희망이었던 학생도 높은 점수를 받으면 의대에 가라는 주위의 성화에 의대로 발길을 돌리고, 입시철에 이루어지는 고액 입시 상담의 핵심은 해당 대학과 학과에 가장 낮은 점수로 들어가게 하는 것이다. 그렇게 들어간 대학과 학과 그리고 전공에 무슨 애정이 있고 배우는 즐거움이 있겠는가.

아프리카 초원에서 동물의 서열은 어떻게 정해질까? 약육강식, 힘의 논리에서는 사자가 당연히 1등이다. 하지만, 빠르기로 순서를 정하면 치타가 1등이 되고 키를 따지면 기린을 능가할 동물은 없다. 힘의 논리에서도 사자와 하마가 땅에서 싸우면 사자가 당연히 이기겠지만 물 속에서 싸우면 하마가 이긴다. 다양한 동물들이 각자의 영역에서 살아가며 자연 생태계가 유지·보존되는 이유는 각각 자신의 강점을 바탕으로 적응하고 진화하기 때문이다. 때로는 작고 약한 동물들이 높은 번식력 혹은 강한 생존 능력으로 생태계에서 우위를 점하기도 하는데 인간이 그 대표적 사례가 아닐까 싶다.

그런데, 만일 도심 한복판에 위치한 동물원에서 약육강식 혹은 무한 경쟁의 심오한(?) 철학을 바탕으로 동물원 우리의 벽을 허문다면 어떤 일이 일어나게 될까? 당연히 약한 동물들은 강한 동물들에게 잡아먹히고 먹이가 충분한 경우에도 힘센 동물들의 위세에 눌려 피해 달아나기에 급급할 것 같다. 평화롭게 풀을 뜯는 사슴, 무리 지어 춤추는 홍학 떼, 한가로이 나무에 매달려 노는 원숭이의 모습은 더 이상 볼 수 없고 결국 동물원은 제 기능을 잃고 만다. 마지막에 남은 사자조차도 행복하지 못하고 영원한 승자가 될 수 없는데 안타깝게도 그곳에는 힘의 잣대만 존재하기 때문이다.

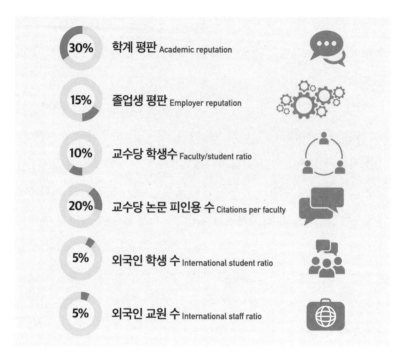

QS 세계 대학 순위 평가지표

대학 서열화의 대표적인 예로 영국의 대학 평가 기관인 QS*가 발표하는 세계 대학 순위는 대학들의 학문적 그리고 사회적 평판, 교수 일인당 학생 수, 교수당 논문 피인용 숫자, 외국인 교수 비율, 외국인

---

*　영국의 대학 평가 기관인 Quacquarelli Symonds QS에서 발표하는 대학 랭킹이다. 1994년부터 세계 대학을 평가하여 매년 새로운 순위를 발표하고 있다.

학생 비율 등을 기준으로 점수를 매기고 서열을 세운다.

세계 명문 대학들도 QS 평가 앞에서는 선생님 앞에서 선 학생 마냥 안절부절 하고 필자가 근무하는 KAIST도 QS 순위의 오르내림에 따라 매년 일희일비하곤 한다. 이런 상황에서 필자는 동물의 세계와 같이 대학의 경우도 한 가지 잣대로만 순위를 결정하는 것이 과연 타당한가에 대해 의구심이 깊다.

예를 들어, QS 평가의 20퍼센트를 차지하는 '교수당 논문 피인용 수*'는 연구 중심을 표방하는 대학들에게는 매우 의미 있는 항목이나, 학생들의 인성과 리더십을 중시하고 취업과 학생 창업을 강조하는 대학들의 경우 특별한 의미를 부여하기 어렵다. 해당 대학들은 지역 사회와 기업들에게는 큰 환영을 받고 학생들의 만족도도 높을 수 있으나, 교육 목표와 무관한 논문 피인용 수가 적다는 이유만으로 QS 순위에서 항상 낮은 위치에 놓이게 된다. 구체적인 연구 내용 측면에서도 산학 협력 혹은 학부생 연구는 산업 발전에 중요하고 교육적으로 큰 의미를 갖고 있음에도 논문 피인용 수가 낮을 수밖에 없어 불이익을 받고 등한시될 수 있다.

평가 점수의 5퍼센트를 차지하는 '외국인 교수 비율'은 일반적으로 영어 강의를 전제로 하지만 대부분 대학들의 경우 영어 강의의 필

---

* Citations per faculty, 해당 교수의 논문이 다른 연구자들의 논문에서 참고 문헌으로 인용된 숫자를 의미하며 해당 교수의 논문 우수성과 학문적 영향력을 판가름할 수 있는 잣대이다.

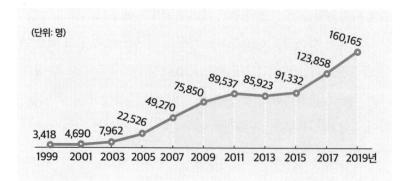

(단위: 명)

160,165

123,858

91,332

89,537 85,923

75,850

49,270

22,526

3,418 4,690 7,962

1999 2001 2003 2005 2007 2009 2011 2013 2015 2017 2019년

국내 대학으로 유학 온 외국인 학생 수

출처:《서울경제》, 2017년 9월 25일

요성은 높지 않고 외국 국적이란 이유만으로 교수를 우선 채용한다면 오히려 역차별 소지가 있을 수 있다. 전면적인 영어 강의를 실시하는 KAIST조차도 외국인 교수 채용에 어려움이 많은데, 대학의 위상 혹은 노력과는 별개로 지역의 외국인 생활 여건 등과도 연계되어 있어 외국인 교수 비율이 대학 평가 잣대로 적합한지에 대해서 필자는 다소 부정적이다.

'외국인 학생 비율'도 평가의 5퍼센트를 차지하는데, 수준 높은 학업과 연구를 위해 유학을 온 경우와 자국 학생들이 떠난 빈 자리를 채우기 위해 공부에 관심이 없는 외국인 학생들을 데려오는 경우가 같은 잣대로 점수 매겨진다면 그 또한 어불성설이다.《서울경제》기사에 따르면, 일부 대학의 경우 재정난 해소를 위해 이른바 '묻지마 모집'으로 외국인 유학생을 받아들이면서 한국어로 기본대화가 불가능한 학생들이 대거 등록해 대학 수업을 듣는 상황이 이어지고 있다고 한다.[•]

결국, 세계적인 대학 평가 QS조차도 단지 하나의 잣대일 뿐이다. 만일 우리나라의 모든 대학들이 각 대학들의 교육 목표와 철학 그리고 발전 전략과는 별개로 하나의 잣대에 맞추어 한 방향으로만 노력한다면 오히려 국가적으로 더 큰 손실이 될 수 있다. 기린의 목표가 얼룩말이 아니고, 하마와 치타는 살아가는 생태계와 방법이 다르며, 사과와 수박이 구태여 크기를 비교하지 않는 것과 같은 이치다.

서열화된 대학이 만든 오늘날 학벌 사회에서 손해를 보는 사람들은 어느 부류일까? 첫 번째 부류는 서열의 아래에 위치한 비非명문 대학 학생들일 수 있다. 오랜 세월 당연시 되어온 학벌 사회의 틀 안에서 출발점이 시작부터 뒤에 있기 때문이다. 하지만, 마라톤과 같은 긴 인생길에서 뒤처져 있는 출발점이 막상 달리다 보면 출발점에서 생각했던 것만큼 큰 불이익이 아니라는 사실을 깨닫게 되는 것도 인생의 한 단면일 것이다.

역설적으로 필자가 생각하는 가장 큰 손해를 보는 부류는 명문 대학 학생들 가운데 있을 수 있는데, 학벌 사회의 끝자락에 있는 오늘날에도 학벌 사회가 계속 지속될 것이란 기대 속에서 자신들이 꿈꾸었

• 《서울경제》, '한국말 못해도 외국인 유학생 '묻지마 모집'', 2017년 9월 25일

던 그 명문 대학들 안에서 공부를 열심히 하지 않고 사회에 나갈 준비도 제대로 하지 않는 경우이다.

오랜 과거에는 명문 대학 이름만으로 평생 안정적인 직장 혹은 상대적으로 편안한 사회 생활을 보장받았다고 하지만, 필자 세대의 경우 대학 이름이 보장했던 기간은 기껏해야 10여 년, 그 이후 인생에서는 진정한 실력과 인간 관계 때로는 운도 중요하게 작용한다는 것을 깨닫게 되었다. 오늘날 우리 사회는 사라져가는 학벌 사회의 틀 속에서 대학에서 충실히 준비하지 못한 그래서 공허한 자존심만 남은 명문대생들에게 과연 몇 년을 보장해줄 수 있을까 궁금하다.

"일류 대학만 가면 성공한다"는 부모님과 선생님의 말씀을 잘 들어 중고등학교 시절 열심히 공부만 했던 우리나라의 착하고 성실한 모범생들이 명문 대학 입학으로 자신의 인생 최고점을 찍고 진정 자신의 꿈을 펼쳐야 하는 사회에서 억울하게 사그라지는 일이 더 이상 없었으면 하는 바람이다. 명문 대학에 들어가는 것이 꿈이 아니고 자신의 꿈을 실현시키기 위해서 명문 대학에 들어가는 것이란 너무도 당연한 진리를 학생들과 우리 사회가 깨달으면 좋겠다.

명문 대학은 물론 비명문 대학에 진학해서도 열심히 공부하면 자신의 꿈을 충분히 실현시킬 수 있다는 사실과 함께, 대학 교육이 우리 사회에서 더욱 확실하게 자리를 잡아 진정한 실력이 뒷받침해주지 못하는 학벌 사회가 더 이상 발 붙일 곳이 없기를 바라는 마음이다.

인생을 결정짓는다는 우리나라 대학 입시

2020년 영국 BBC 방송에 우리나라 수능 시험과 관련되어 다음과 같은 제목의 기사가 실렸다.[*] 'South Korea: The life-changing exam that won't stop for a pandemic.' 팬데믹으로 큰 어려움을 겪고 있는 당시 영국의 시각에서 전국적인 시험이 가능한 우리나라의 팬데믹 상황을 바탕으로 기사가 작성되었는데 필자의 마음을 무겁게 한 것은 'life-changing exam'이라는 기사 제목이었다.

맞는 말이다. 우리나라에서 수능 시험 혹은 대학 입시가 인생을 바꾼다는 믿음이 있고 실제로 바꾸기도 한다. 하지만, 필자는 그로 인해 우리 아이들이 억울하고 학부모와 사회는 헛고생을 하며 국가와 기업 그리고 대학의 경쟁력은 하락한다고 주장한다.

필자가 강연을 다니고 칼럼을 쓰면서 가장 걱정되었던 점은 우리나라의 중고등학교 교육에 문제가 있다는 내용으로 인해 중고등학교 선생님들께 자칫 누가 되지 않을까 하는 것이었다. 하지만, 필자가 만난 대부분의 선생님들은 한결같이 필자의 견해에 공감해 주셨고 주어진 상황 속에서 최선을 다하시면서 오히려 필자에게 대안을 제시해 달라고 부탁하시곤 했다.

---

[*] BBC, 'South Korea: The life-changing exam that won't stop for a pandemic', 2020월 12월 3일

'인생을 바꾼다는 대학 입시'의 변화 없이는 중고등학교 교육이 결코 변할 수 없다는 단순한 진리와 함께 교육이 파행으로 흐르고 대학 입시가 인생을 바꾸는 시험으로 탈바꿈하게 된 이유는 '대학 제도의 모순'에 기인한다. 학벌 사회와 서열화된 대학 그리고 입학이 졸업을 보장하는 현 대학 제도 속에서 대학 입시는 충분히 사회의 신분 순위를 결정하는, 즉 한 번 타면 정해진 목적지까지 확실하게 인도하는 기차의 승차권과 같다고 여겨질 수 있기 때문이다.

　과거 우리 사회에는 대학에 대한 환상과 한이 있었던 시절 그래서 교육 내용보다 대학 이름만으로 많은 것들이 결정되던 시절이 있었다. 하지만 4차 산업혁명의 거센 물결 속에서 대학 존립 그 자체에 대한 고심이 깊어지고 새로운 대학에 대한 다양한 시도들이 모색되는 오늘날까지, 우리 사회가 학벌 사회를 논하고 대학 입시를 인생을 바꾸는 시험으로 간주하는 것은 심히 시대착오적이다.

　곤충은 애벌레에서 성충이 되는 과정에서 여러 번 탈피를 한다. 애벌레의 껍질은 단단한 재질로 연약한 애벌레를 보호하는 데 중요한 역할을 하지만 애벌레의 몸집이 커지면 오히려 성장을 방해하고 자칫 애벌레의 생명까지 위태롭게 한다. 오늘날 우리의 교육은 애벌레의 낡은 껍질과 같다.

　우리는 세계사에서 유례를 찾아보기 힘들 만큼 짧은 기간에 경제 발전과 민주주의를 동시에 이룩했는데 그 성과의 가장 큰 원동력이 교육이었다는 것은 모두가 인정하는 사실이다. 하지만, 오늘날 우리 사회는 빠른 성장 속에서 탈피하지 못한 애벌레와 같이 낡은 교육 제도의 두꺼운 껍질 속에서 숨 막히는 고통을 겪고 있다. 참고로, 유교 교육은 400년 동안 조선시대를 지탱하는 근간이었으나 19세기 말 두꺼운 껍질이 되었고, 탈피하지 못한 애벌레 조선은 먼저 껍질을 깨고 성충이 된 일본에 잡아먹혀 식민지가 되었다.

필자가 주장하는 교육 개혁의 핵심은 '대학의 서열화 탈피와 차별화'이다. 대학 교육이 부실했던 과거 시절에는 정상적인 교육의 유무 혹은 수준에 따라 우열이 갈라지고 서열화가 불가피했을 수도 있었으나, 오늘날 대부분의 대학들이 제자리를 잡은 현 상황에서는 각 대학들의 특성에 맞도록 차별화하는 전략이 절대적으로 필요하다.

20여 년 전 필자가 관광버스를 타고 남원을 지난 적이 있었다. 버스는 잠시 춘향전의 배경으로 유명한 광한루에 정차했는데 필자는 처음 방문한 광한루에서 기념품을 꼭 사고 싶었다. 하지만 막상 들어가 본 몇몇 가게의 기념품들은 모두 비슷했고 필자는 사고 싶은 기념품을 고르는 것과 함께 가게들을 오가면서 가격을 비교하기 시작했다. 그런 와중에 시간은 흘러 결국 필자는 아무런 기념품도 사지 못하고 남원을 떠나게 되었다. 만약 가게들이 각각 티셔츠와 목각 장식 혹은 인형 및 잡화 등으로 차별화를 했으면 제대로 된 가격으로 원하는 기념품들을 쉽게 판매할 수 있었을 텐데 하는 아쉬움이 오늘날까지 남아있다.

서열화된 대학은 가격 외에는 차별성을 주지 못하는 기념품 가게

들과 같다. 더욱 안타까운 점은 다양한 용도와 독특한 디자인은 제쳐둔 채 가격만으로 판단되는 기념품들과 같이 점수와 서열만으로 평가되는 대학들이다. 서열화된 대학 제도 속에서 대학들은 내신 등급과 수능 점수에 의해서 최상위 대학에서 최하위 대학까지 한 줄로 세워지고, 각 대학 안에서는 다시 최상위 학과에서 최하위 학과로 한 줄이 또 세워진다.

자신의 꿈과 적성과는 관계없이 점수만으로 선택된 학교와 학과에 자부심과 재미를 느낄 수 있는 사람은 많지 않다. 최상위 대학의 최상위 학과조차도 높은 점수만으로 결정되었다면 긴 인생길에서 진정 자신의 직업에 만족하며 보람과 자긍심을 갖기는 힘들다. 더구나 들어갈 때는 단지 높은 입학 점수란 이유로 들어갔는데 나중에 학과 점수가 떨어진다면 그 또한 황당하고 억울한 상황이 될 수 있다.

한편, 정부와 사회는 집중과 선택 혹은 공정성을 이유로 서열이 높은 대학에 더 많은 지원을 하는 것을 당연하게 생각할 수 있지만 국가적으로 볼 때 그것은 자칫 잘못된 선택이 될 수 있다. 교육의 궁극적 목적은 개인 혹은 대학의 경쟁력 향상만이 아닌 사회 전체의 경쟁력을 높이는 것이기 때문이다.

이제 대학은 차별화되어 각 대학이 갖고 있는 장점을 극대화하는 방향으로 발전해야 한다. 빠르게 변화하는 오늘날 새로운 정보와 지식들은 넘쳐 흐르고 인간의 수명 또한 길어져, 세상은 이미 한 번의 대학 교육만으로는 새로운 세상과 긴 인생 여정에 부족하다고 한다.

대학의 문이 활짝 열려 수시로 대학 교육에 접근할 수 있어야 한다. 바깥 세상은 이미 그 방향으로 달려가고 있는데, 우리 사회는 아직도 18살 어린 학생들이 치르는 대학 입시가 인생을 결정짓는다는 과거 세상에서 벗어나지 못하고 있다.

대학의 차별화 제도

필자는 앞에서 우리 사회에서 대학 입시와 함께 중고등학교 교육이 안고 있는 많은 문제점들을 기술했다. 중고등학교 시절 전혀 행복하지 않은 아이들, 배움의 즐거움과 가르침의 보람이 없는 교육 현장, 대학과 사회생활에 유용하지 않는 것들을 가르치는 학교와 그것에 특화되어 있는 학원들, 그리고 그 학원들에 비싼 수업료를 지불하며 경제적 어려움에 처해있는 가정들. 잘못된 교육 제도로 인해 생고생을 하고 있는 학부모와 아이들을 보고 있자면 어둠 속에서 한치 앞만 바라보고 낭떠러지로 내몰리는 양떼와 같다는 생각이 든다.

우리 사회는 '교육'이라는 허울을 쓴 괴물에 쫓겨 학부모와 아이들이 함께 보내야 할 인생의 가장 소중한 시간들을 가장 행복하지 않게 보낸다. 아이들이 행복하지 않은 사회에서 아이들을 키우고 싶은 부모들은 없다. 더구나 그로 인해 엄청난 경제적 부담까지 안게 되는 현 상황은 인구절벽 시대에 놓여있는 우리 사회의 미래를 더욱 암울하게 한다.

필자는 우리 사회가 안고 있는 가장 큰 문제인 인구절벽의 가장 큰 원인으로 사교육을 언급했는데 미국의 투자은행 JEF는 한국에서 자녀 한 명을 18세까지 키우는 비용이 3억 원을 넘어 세계 최고라고 분석했다. CNN 역시 이 연구 결과를 바탕으로 우리나라의 양육비 부담이 GDP 대비 7.8배로 미국의 4.1배, 영국의 5.3배, 독일의 3.6배는 물론 한 자녀 정책으로 인해 교육열이 높기로 유명한 중국의 6.9배보다도 높다고 전했다.

높은 비용보다 필자가 더 우려하는 점은 사랑하는 자식을 위해서 쏟아부은 그 비용들이 때로는 헛수고이거나 오히려 아이들에게 해악을 끼친다는 것이다. 우리 사회에서 공부와 관련된 옛 일화 가운데 한석봉과 어머니 이야기가 있다. 조선 사회에서는 글씨를 잘 쓰는 사람은 명필가로 우대 받았는데 자식을 명필가로 키우기 위해서 어머니가 불을 끄고 떡을 썰면서 아들에게 글을 쓰게 해 교훈을 주었다는 내용이다.

집집마다 프린터가 있는 오늘날 대학 입시에서 잘 쓴 글씨로 우열을 가리고 학생들은 글씨 연습을 위해 산 속에 들어가 10년 동안 각고의 노력을 해야 한다면 얼마나 황당한 상황이겠는가. 하지만 오늘날 우리 사회는 아이들에게 프린터보다 더 멋있고 더 빠르게 글씨 쓰

• 《동아일보》, '한국, 경제규모 대비 양육비 부담 세계 최고… 미 투자 은행 분석', 2022년 4월 10일, ref. CNN, 2022년 4월 9일

는 노력을 강요하는 것과 같은 잘못을 범하고 있다.

몇 년 전에 《아프니까 청춘이다》이란 제목의 책이 사회적으로 주목을 받았었지만, 제목과 같이 청춘이라서 아파해야 할 이유는 없다. 다만, 우리 사회가 잘못된 교육 제도로 우리 아이들의 청춘을 아프게 만들고 있을 뿐이다. 행복하지 않은 인고의 중고등학교 시절을 마치고 대학에 들어온 학생에게 더 이상 대학은 7080 시대의 널널한 낭만의 장도 아니고, 사회는 손쉽게 취업과 승진이 보장되는 고속 성장의 시대도 아니다.

하지만, 더 많은 기회가 새롭게 널려 있는 4차 산업혁명의 초입에서 우리 아이들이 새로운 세상에 걸맞지 않는 낡고 잘못된 교육 제도로 인해 경쟁력을 잃고 기회들을 놓치고 있는 것은 아닌가 싶다.

우리 교육의 해결 방안으로 제시하는 필자의 제안은 '대학 차별화를 통한 대학 교육과 대학 입시의 정상화'이다. 기존의 한 줄로 서열화된 대학들을 '연구 중심 대학', '교육 중심 대학', '혼합형 대학' 등으로 차별화하고, 각각의 역할과 기능에 맞게 발전할 수 있도록 교육 정책을 수립하고 국가의 지원이 차별적으로 이루어지게 하자는 것이다.

대학의 차별화가 이루어지면 대학 입시는 우리 사회에서 인생을 결정짓는 '그 무엇'에서 원하는 대학과 전공을 정하는 단순한 통과 의례로 제자리를 찾아가게 되고, 그제서야 우리 사회는 중고등학교에서 진정한 교육을 할 수 있게 되며 사교육은 본연의 학업 보충의 장으로 돌아가게 된다.

사회가 원하는 인재는 잘난 사람과 못난 사람으로 구별되지 않으며 점수로 순위가 매겨질 필요도 없다. 설사 순위가 매겨지는 경우라도 그 순위는 상황에 따라 언제든지 바뀔 수 있어야 하며, 어린 중고등학교 시절보다 자신의 인생에 대한 책임이 더해지는 대학과 대학원 그리고 사회로 나가면서 정해지고 바뀌어져야 한다. 그리고 좋은 대학은 1등을 뽑아서 1등 혹은 2등으로 만드는 대학이 아니고, 50등을 뽑아서 10등으로 만드는 대학이며 그런 대학들이 많아질수록 학생 개개인은 물론 국가와 사회의 경쟁력도 높아질 수 있다.

필자가 생각하는 '대학 차별화 제도를 위한 기본 원칙'은 다음과 같다.

새로운 대학 차별화 제도

1. 대학들을 '연구 중심 대학', '교육 중심 대학', '혼합형 대학' 그룹으로 나누고, 그 선택은 대학들이 스스로 결정할 수 있도록 한다. 그리고 국가와 사회는 각 경우에 맞춰 차별적인 지원책을 마련한다.

2. 연구 중심 대학들의 경우, 학부는 최소화하고 대학원 중심으로 운영하며 세계 수준의 연구 성과와 석박사 배출을 목적으로 한다. 연구

중심 대학 학부생들의 자대 대학원 진학은 가급적 지양하여 학생들이 보다 다양한 학업 및 연구 환경을 접할 수 있도록 한다.

3. 교육 중심 대학들은 학부 교육을 최우선으로 하고 대학원은 석사 과정까지 혹은 없는 경우도 가능하다. 물론 특화된 연구 분야의 경우 박사 과정 개설도 가능토록 한다.

4. 교육 중심 대학의 목적은 설립 취지에 따라 취업, 창업, 그리고 대학원 진학 등이 될 수 있으며 때로는 지역 중소기업들과의 현장 중심의 실증적 연구 개발도 포함될 수 있다.

5. 교육 중심 대학의 문호는 크게 넓혀 오프라인, 온라인, 혹은 혼합형 하이브리드 교육이 가능할 수 있도록 하여 지역 사회를 대상으로 하는 평생 교육의 장이 될 수 있도록 한다. 한편, 소수 정예 혹은 미네르바 대학과 같은 전혀 새로운 형태의 혁신 대학도 가능할 수 있도록 한다.

6. 혼합형 대학은 연구 중심 대학과 교육 중심 대학의 중간 형태로 자연스레 연구 중심 혹은 교육 중심으로 방향성을 가지고 발전하거나, 설립 취지에 따라 더욱 새로운 형태의 대학들로 발전할 수도 있도록 한다.

7. 의대와 법대 혹은 약대 등은 전문 대학원 체제로 운영하며 교육 중심 대학 졸업생들이 주로 진학할 수 있도록 한다.

연구 중심 대학은 일차적으로 서울대, KAIST 혹은 과학기술특성화 대학, 혹은 포항공대 등이 고려될 수 있고, 혼합형 대학은 수도권 사립 대학 혹은 지방 거점국립대학들이 될 수 있을 것 같다. (현 단계에서 연구 중심 대학을 이공계 분야를 중심으로 분류한 것은 공대 교수인 필자의 좁은 시각으로 인한 한계이며, 앞으로 인문사회 혹은 의학 분야 등에서도 다양한 연구 중심 대학들이 고려될 수 있으리란 기대이다.) 나머지 대학들은 교육 중심 대학으로 크게 분류될 것 같지만 그 안에서도 각자의 특성, 지역, 그리고 등록금 등에 의해서 각기 차별화되어, 학생들이 단 한 줄의 서열화에서 벗어나 다양한 잣대로 자신이 원하는 대학을 선택할 수 있도록 한다.

이 경우 연구 중심 대학의 학부는 상대적으로 매력이 다소 떨어질 수 있는데 자신이 선택한 대학원 혹은 전문 대학원으로 진학할 확률이 낮아지기 때문이다. 다만, 일찌감치 학문의 길로 매진하기로 결정한 경우, 남들보다 일찍 세계 최고의 교수님들과 대학원 선배들과 연구를 할 수 있고 상대적으로 우수한 소수 정예의 동료 학생들과 더욱 치열하게 공부에 매진할 수 있는 장점이 있다.

서울대를 위한 고언

"누군가 조국의 미래를 묻거든, 고개를 들어 관악을 보게 하라."

우리 사회에서 서울대를 논할 때 자주 인용되는 시 구절이다. 이 짧은 시 구절에 서울대의 위상과 함께 우리 사회가 서울대에 거는 기대와 간절함이 서려 있는 듯하다.

서울대는 명실상부 우리나라 최고의 대학이지만, 간혹 우리 사회의 문제점인 학벌 사회 혹은 왜곡된 대학 입시의 원인 제공자로 치부되어 서울대 책임론 심지어 폐지론까지 거론되기도 한다. 하지만, 필자는 서울대 발전론, 즉 서울대를 더욱 발전시켜 세계 최고의 대학으로 만들어야 한다는 주장이다. 우리나라 최고의 대학인 서울대의 글로벌 경쟁력이 높아질수록 우리나라의 경쟁력도 함께 높아지기 때문이다.

하지만, 아래 표를 보면 흔히 우리가 알고 있고 기대하는 서울대와 관련해 국내외 명문 대학들과 다소 차이가 있다는 것을 발견하게 된다.●

서울대와 KAIST 그리고 세계 명문 대학들의 대학생과 대학원생 수 비교

학생 수	서울대	KAIST	포항공대	하버드	MIT	도쿄대	칭화대	베이징대
대학(a)	16,045	3,605	1,275	5,689	4,638	13,907	16,287	16,372
대학원(b)	11,879	7,188	2,430	16,188	7,296	13,919	37,015	29,741
b/a	0.74	2.0	1.90	2.85	1.57	1.0	2.27	1.82

출처: 해당 대학 홈페이지

● 해당 대학 홈페이지 기준. 학교마다 통계 기준이 달라 일부 숫자에 차이가 있을 수 있음.

서울대의 대학생 대비 대학원생 수의 비율(b/a)은 0.74로 하버드 2.85, 칭화대 2.27, KAIST 2.0에 비해 매우 낮다. 비교 대학 중 유일하게 1.0 미만으로 두 번째로 낮은 도쿄대와 비교해도 70퍼센트 수준이다. 즉 서울대는 경쟁 관계인 국내외 명문 대학들과 비교해 유일하게 '학부 중심 대학'인 것을 알 수 있게 하는 자료이다. 물론 종합 대학인 서울대와 이공계 중심 대학인 KAIST와 포항공대를 비교하는 데는 다소 무리가 있을 수 있지만, 도쿄대와 칭화대 등 외국의 명문 대학들 또한 대부분 종합 대학인 점을 고려할 때 b/a 값에 대해서 한 번쯤은 고민해볼 필요가 있을 것 같다.

하지만, 필자는 이 차이의 탓을 서울대에 돌리고 싶은 마음은 전혀 없다. 연구 중심 대학을 표방하는 서울대가 우리나라의 대학 입시와 교육 현실에 발목을 잡혀 더 이상 학부 중심 대학에 머무르지 않도록 교육 당국이 앞장서준다면 서울대는 더 높이 훨훨 날아갈 것 같기 때문이다.

또 하나는 대학원 진학률인데, '대학알리미'에 공개된 자료에 따르면 서울대생의 대학원 진학률은 30퍼센트대(이공계열 40퍼센트대)로 20퍼센트대의 연세대, 고려대, 서강대 등의 수도권 사립 대학들에 비해서는 높은 편이나 50~60퍼센트대의 KAIST와 포항공대에 비해서는 낮은 수치를 보여준다.[*] 서울대의 대학 입시 성적이 KAIST와 포항

공대의 그것과 비교해 별 차이가 없다는 점을 감안할 때, 학부를 마친 4년 후 대학원 진학률에 적지 않은 차이를 보인다는 사실은 서울대가 고민해야 할 또 하나의 숙제가 아닐까 싶다.

어릴 적부터 똑똑하고 공부를 잘하는 우리 사회의 수재들은 중고 등학교 시절 서울대를 목표로 자신의 꿈과 미래에 큰 도움이 되지 않는 내용들을 많은 노력과 끈기로 열심히 공부한다. 하지만, 정작 서울 대에 들어가서는 전공 공부를 달랑 3~4년만 하고 더 이상 공부를 하지 않는다면 그동안 쏟아부은 시간과 노력이 아깝고 더 나아가 국가적 손실이 될 수 있다. 더구나 대학원 과정에서 '연구'라는 창의적이고 새로운 학문의 경험을 맛보지도 못하고 사회에 나가는 것을 바라볼 때 많은 아쉬움이 남는다.

최근의 언론 보도에 따르면 서울공대 대학원이 4년째 정원 미달로 입시 경쟁률이 2020년 기준 0.87 이라고 한다.[*] 누군가는 우수한 서울대 학부 졸업생들은 외국 유학을 선호해 대학원의 입시 경쟁률이 낮다고 항변할 수도 있겠지만, 그 또한 서울대 대학원의 경쟁력이 학부와 비교해 낮다는 사실을 입증하는 또 하나의 자료일 수 있다.

KAIST 교수인 필자가 섣불리 서울대 문제를 거론하는 이유는 제 3자의 입장에서 우리나라에서 가장 중요한 대학인 서울대의 발전과 그를 통한 국가 경쟁력 향상에 도움을 줄 수 있지 않을까 하는 작은

---

[*]   《매일경제》, '서울공대 대학원이 어쩌다… 4년째 정원 미달', 2020년 3월 18일

기대와 함께 대학 입시와 대학 제도 개혁의 가장 중요한 시작점이기 때문이다.

필자가 제안하는 서울대 발전 방안은 학부 축소와 대학원 확대이다. 첫 단계로 학부생 숫자를 30~50퍼센트 정도 줄이면 대학생 대비 대학원생의 비율은 1.0~1.5 정도가 되고, 다시 대학원생의 숫자를 30~50퍼센트 정도 늘리면 그 비율은 1.4~2.2 정도가 되어 국내외 경쟁 대학들과 얼추 균형을 맞출 수 있게 된다.

물론 이 과정에서 서울대가 더욱더 경쟁력이 있는 '대학원 중심 대학'이 될 수 있도록 우리 사회의 적극적인 성원과 지원이 필요하다는 것은 두말할 필요가 없다. 참고로, 서울대의 장기 발전 계획에는 학부 정원 감축안이 포함되어 있다고 한다.[*] 필자가 학부 축소를 1단계 그리고 대학원 확대를 2단계로 제안하는 이유는, 학부 축소의 경우 서울대의 결심과 사회적 합의만 있으면 당장이라도 가능한 반면 대학원 확대는 추가적인 예산과 인프라 등 선행되어야 할 문제들이 많기 때문이다.

이러한 변화는 두 가지 측면에서 파급 효과가 나타날 수 있는데, 첫 번째 효과는 서울대의 연구 능력 향상으로 인한 국가 경쟁력 상승이다. 지금도 훌륭한 교수들과 뛰어난 학생들로 우수한 연구 성과를 내고 있는 서울대가 대학원 중심 대학으로 거듭날 경우, 교수들은 학

---

* 《연합뉴스》, '서울대, 학부 정원 감축 추진…', 2021년 12월 13일

부 강의에서 보다 자유로워지고 대학원생들과의 연구에 더욱 몰두할 수 있게 되어 서울대는 명실상부 동아시아 최고의 대학은 물론 빠른 시일 안에 세계 10위권 대학으로도 올라설 수 있지 않을까 하는 기대이다. 그 경우 서울대의 우수한 학생들은 학부를 마치고 곧장 해외 유학을 가기보다는 국내에서 박사까지 마친 후에 포스트닥으로 나가는 방향으로 흐름이 바뀌게 될 것이다.

두 번째 효과는 대학 입시에서의 변화이다. 서열화된 대학 순위에서 무조건적인 1순위였던 서울대가 더 이상 최선의 선택이 되지 않을 수 있기 때문이다. 즉, 우리 사회의 학부모와 아이들의 꿈이 '서울대 학부 입학'에서 '서울대 박사 학위 취득'으로 바뀌게 되는 경우, 우리 사회의 수재와 영재들은 대학 입시 때부터 서울대 박사가 될 수 있는 가장 현명한 길을 고민하게 되어 서울대 학부에서 치열하게 공부하는 길과 함께 교육 중심 대학에서 더욱 체계적으로 교육받는 길도 생각할 수 있게 된다.

결론적으로 '대학원 중심화'가 서울대로 하여금 명실상부 아시아 최고의 대학 그리고 세계 10대 명문 대학 반열에 도달하는 지름길이 될 수 있기를 바라는 마음이다. 언젠가 서울대 대학원에서 배출하는 세계 최고의 석박사 인재들과 쏟아지는 최고의 연구 결과들이 우리나라를 더욱 풍요롭고 부강하게 만드는 그 날을 기대한다. 그래서 우리 사회는 오늘도 우리나라의 미래를 생각할 때 고개를 들어 관악을 보는 것이다.

교육 중심 대학

대학 차별화 정책에서 가장 중요한 대학 그룹은 '교육 중심 대학'이다. 가장 많은 학생들이 진학하고, 대학 교육을 통해서 더 많은 변화와 기회가 주어질 수 있는 곳이기 때문이다. 교육 중심 대학은 학부 교육을 최우선으로 하고 대학원은 가급적 줄이는 것을 원칙으로 한다. 석사 과정만 운영하거나 대학원 과정을 없애는 방법도 가능하다. 물론 특정 분야에 강점이 있는 경우 박사 과정까지 개설하는 길도 유연하게 열어 놓는 것이 좋을 것 같다.

필자가 교육 중심 대학으로 발전해야 한다는 대학들은 현 상황에서 대부분 비명문 대학 혹은 서열이 낮은 대학들이다. 학생들은 낮은 내신 등급과 수능 점수로 인해 자칫 '공부에 소질이 없거나 머리가 나쁘다' 등의 기죽은 마음으로 대학에 들어오고, 교수들은 열악한 연구 환경 속에서 연구 중심 대학들의 교수들과 같은 잣대로 연구 성과를 비교당하고 과중한 강의 부담으로 강의실에서의 긴장감도 떨어질 수 있다.

라이너스 폴링Linus Pauling은 노벨 화학상(1954년)과 평화상(1962년)을 단독으로 두 번 수상한 역사상 유일한 인물이다. 어린 시절 아버지를 여의고 공장 일로 가족 생계를 책임지며 오리건주립농업대학에 입학한 폴링은 대학에 들어가 화학을 전공하기 시작하면서 두각을 나타내어 졸업 후에는 칼텍 대학원에 진학해 학자로서의 성공가도를 달리

라이너스 폴링

기 시작했다.

　필자가 그의 일화를 소개하는 이유는, 우리 사회의 수많은 라이너스 폴링들이 중고등학교 시절 성적이 나쁘고 공부에 재미를 붙이지 못했다는 이유로 지방의 작은 대학에서 숨겨진 재능을 미처 펼쳐보지도 못하고 사그라져 갔던 것은 아닐까 하는 안타까움 때문이다. 라이너스 폴링이 오리건주립농업대학에서 칼텍 대학원에 진학해 노벨상 수상자가 되었듯이, 우리 사회에서도 앞으로 연구 중심 대학의 대학원들이 교육 중심 대학들에서 열심히 공부를 한 학생들로 가득 찼으면 하는 바람이고 당연히 그렇게 되도록 교육 제도가 달라져야 한다는 생각이다.

교육 중심 대학을 기획하면서 가장 중요하게 생각해야 할 것은 '다양성'이다. 연구 중심 대학의 경우 연구의 수월성과 석박사 인력 양성으로 목적이 단순하고 명확한 것과 달리, 교육 중심 대학의 경우 설립 취지와 교육 철학에 따라 취업과 창업, 대학원 진학, 전문 대학원 체제로 바뀔 의대와 법대 혹은 약대 진학, 일반인 대상의 재교육 혹은 평생 교육의 장 등 매우 다양한 목적들이 있을 수 있기 때문이다.

각각의 경우들을 보다 구체적으로 설명하면 다음과 같다.

교육 중심 대학의 발전 방안

취업과 창업 – 가장 많은 교육 중심 대학들이 선택하는 길이 될 것으로 예상되며 그 안에서도 지역 특성 혹은 개설되는 전공 학과 등의 차이로 더욱 다양하게 차별화될 수 있다. 학생들도 전공을 선택할 때 자신의 적성과 졸업 후 직장을 미리 염두에 두고 대학 생활을 시작하게 되어 보다 확실한 목표를 가지고 전공 공부에 매진할 것 같다.

특히 직업 현장에서의 경험이 학점으로 인정받는 'co-op co-operative education'과 같이 다양한 연계 프로그램들이 제공되어 취업과 창업에 직접적이고 실제적인 도움이 이루어지도록 한다. 참고로, 캐나다의 워털

루 대학은 co-op 프로그램으로 유명한데 방학 때면 약 2만 명의 학생들이 100여 개의 co-op 프로그램을 통해서 현장 교육에 참여한다고 한다.

대학원 진학 – 일부 입학생들의 수준은 대학 차별화 정책이 안정화된 후에는 연구 중심 대학의 학부와 비슷한 수준이 예상된다. 고등학교 시절 공부를 잘한 학생들은 당연히 연구 중심 대학 학부와 대학원 진학 목적의 교육 중심 대학을 놓고 고민하게 될 것 같은데, 어느 쪽이 대학원 혹은 전문 대학원 진학에 유리할지 개인의 상황에 따라 달라질 수 있기 때문이다. 평범한 학생들도 대학 진학 후 전공에 재미를 붙일 경우 라이너스 폴링과 같이 뜻하지 않았던 많은 기회들이 만들어지는 진정한 교육의 장이 될 수 있다.

전문 대학원 진학 – 의대와 법대 그리고 약대 등이 전문 대학원 체제로 바뀔 때 해당 전문 대학원으로 진학할 대부분의 학생들은 교육 중심 대학 졸업생들이 되리란 전망이다. 전문 대학원의 목적이 임상의, 법조인, 약사 등과 같은 전문 직업인의 양성인 바, 교육 중심 대학에서 보다 체계적이고 폭넓게 교육이 이루어지는 것이 바람직하기 때문이다. 물론 의학자, 법학자, 약학 전문가를 목적으로 하는 경우에는 연구 중심 대학 학부를 마치고 전문 대학원으로 진학하는 방법도 좋을 듯싶다.

재교육 및 평생 교육 – 앞으로 가장 큰 발전이 예상되고 사회가 가장 필요로 하는 교육 중심 대학의 형태가 될 것이란 기대인데, 수명 연장과 함께 일을 하는 기간이 늘어나고 새로운 기술들이 쏟아지는 현 시대에서 단 한 번의 대학 교육을 통해 평생을 살아가는 것이 더 이상 용납되지 않거나 바람직하지 않은 시대가 열리고 있기 때문이다.

즉, 재교육과 평생 교육이 불가피한 인생 2모작, 3모작 시대가 된 것이다. 한 가지 예로 드론을 이용해 농약과 비료를 살포하고 AI을 이용해 재배했을 때 수확량이 크게 증가한다는 내용 등은 농민들로 하여금 드론 작동법과 간단한 AI 코딩 교육에 대한 관심과 필요성을 느끼게 할 수 있다. 홈페이지를 만들어 인터넷으로 자신이 재배한 농작물을 소비자에게 직접 판매해 수익을 증대하는 것은 이미 과거 이야기이다.

참고로, '마이크로 혹은 나노 학위'*는 일반인들이 쉽게 새로운 기술과 학문에 접근할 수 있도록 설계되는 개방형 학위 제도이다. 기존 과목을 나누어 수강하거나 마이크로 학위만을 위해 새롭게 설계된 교과목들을 온라인 교육을 통해 많은 사람들이 쉽게 접근해 약식으로 학위를 받을 수 있게 한다. 향후 마이크로 학위를 통해서 정식 학위를 받을 수 있는 길도 가능하며, 현업에 필요한 새로운 기술들을 배우거나 새로운 분야로 두 번째 학위를 받을 수 있는 기회를 제공할 수 있다.

자유로운 편입 제도도 심도 있게 논의되었으면 한다. 현 대학 제도에서는 편입학의 경우 해당 학과에 결원이 생겼을 경우에 한해서 이루어지지만, 새로운 교육 중심 대학 간에 편입이 보다 수월하게 허용되어 대학 기간 중에 변할 수 있는 자신의 진로, 적성, 흥미 등에 따라

●   Micro 혹은 Nano-degree, 정식 입학 과정과 수년 간의 교육 기간 이수 후 수여되는 정식 학위와 달리 단기간의 집중 혹은 약식 교육 후 수여되는 간이 학위를 일컫는다. 빠른 시대 변화에 걸맞는 새로운 교육 인증 제도로 최근 주목받고 있다.

전과와 전학 등이 보다 자유롭게 이루어지면 좋겠다.

한때 '벚꽃 피는 순서대로 대학들이 문을 닫을 것'이란 이야기도 있었지만 이미 옛말이 되었고, 팬데믹 상황을 지나면서 오늘날 전국 각지의 지방 대학들은 지역에 상관없이 폐교 위기에 놓여있는 것이 지금의 대학 현실이다. 그러나, 서열화된 대학 구조 속에서 서열이 낮은 대학들이 약육강식의 논리로 무조건 먼저 없어질 수밖에 없다는 주장은 사리에 맞지 않는다.

수십 년 동안 키워온 지방 대학들의 귀중한 교육 자산들이 무너지지 않고 교육 중심 대학으로 거듭날 수 있도록 국가와 지방자치단체의 노력과 교육 제도의 혁신이 절실하게 필요하다. '절박한 위기 상황 속에서 오히려 새로운 제도 개선과 혁신이 더욱 가능하지 않을까' 하는 기대와 함께 절체절명의 위기가 반전의 기회가 될 수 있도록 국가의 올바른 교육 정책이 하루빨리 이루어질 수 있기를 바랄 뿐이다.

연구 중심 대학과 혼합형 대학

1971년 KAIST는 우리나라의 첫 연구 중심 대학을 목표로 설립되었다. 당시 우리나라의 국민 소득은 300달러 미만으로 대학 교육의 부실함은 물론 대학원 과정은 더욱 열악해 우수한 인재들은 대학을 마치고는 해외로 유학을 떠났고 대부분 다시 돌아오는 경우는 없었다고 한다. 어쩌면 돌아오고 싶어도 고급 인력들이 돌아와 일할 수 있는 여건이 안 되었고 그로 인해 국가 차원에서 심각한 두뇌 유출의 악순환 속에 있었던 것 같다.

1969년 미국국제개발처USAID 존 해너 박사는 '식량에서 교육으로' 대외 원조 정책의 전환을 시도했는데, 당시 뉴욕 공대 교수였던 정근모 박사는 〈개발 도상 국가를 위한 응용과학기술대학원 설립안〉을 USAID에 제출했고 USAID는 600만 달러의 차관과 함께 프레드릭 터만 박사*를 단장으로 조사단을 우리나라에 파견했다. 터만 박사의 조사 보고서의 마지막 장 '미래의 꿈'에는 다음과 같은 문장이 있다.

"KAIS will, by year 2000, be a great institute of technology with an international reputation, and will have become a model for a number of analogous institutes in other lands."

50년이 지난 오늘날 막연했던 그 미래의 꿈이 성공적으로 이루어져 있다는 사실에 KAIST 구성원의 한 사람으로 가슴이 뭉클하다. KAIST에는 설립에 기여한 세 분을 기려 존 해너 홀, 정근모 홀, 터만 홀이 각각 있다.

---

* Frederick Terman, 미국 스탠퍼드 대학의 공대 학장과 부총장을 역임했으며 '실리콘밸리의 아버지'로 불리운다.

터만 홀, 존 해너 홀, 정근모 홀 입구에 있는 명패

당시 600만 달러라는 큰 금액으로 새로운 대학원을 설립하는 데 많은 반대가 있었는데, 그로 인해 문교부 대신 신생 부서인 과학기술처에 소속되어 학교 이름에는 '대학원'은 붙일 수 없었고, '기술'은 천하다는 인식으로 빠지면서 학교 이름이 '한국과학원KAIS'으로 결정되었다고 한다. '한국과학기술원KAIST'으로 이름을 되찾은 오늘날 국내 이공계 대학교수의 약 20퍼센트 그리고 반도체 분야 박사의

•   Korea Advanced Institute of Science

한국과학원 현판식, 1971년

출처: 국가기록원

25~30퍼센트가 KAIST 박사임을 생각할 때 격세지감을 느끼지 않을
수 없다.

　오늘날 우리나라는 30조 원의 국가 R&D 예산을 사용하는데 이
는 GDP 대비 4.6퍼센트로 이스라엘의 4.9퍼센트에 이어 세계 2위
이다.[*] 그리고 그 사이에 포항공대와 광주, 울산, 대구에 각각 GIST,

---

*　　《아이뉴스24》, '국가 R&D 예산 30조원 시대 열린다', 2021년 9월 2일

UNIST, DGIST 등의 과학기술 특성화 대학 등이 생겼다. 오늘날 우리나라 대학들의 연구 역량은 크게 발전하여 연구 중심 대학이란 타이틀은 더 이상 희소성이 있거나 과거만큼 중요하지 않다. 오히려 대학 평가 등에서 연구 성과가 중요한 잣대로 활용되고 대형 연구 과제 경쟁 등으로 인해 연구의 중요성이 강조되다 보니, 오히려 학부 교육의 중요성이 소홀해지는 것은 아닌가 우려가 된다.

어렸을 때는 운동 신경이 뛰어난 아이들이 달리기도 잘하고 공도 잘 찬다. 야구를 잘하는 친구가 축구도 잘하고 고교 야구에서는 투수가 4번 타자로 서는 경우도 종종 있다. 하지만, 국가 대표팀이나 프로 리그에서는 그런 경우는 거의 불가능한데 각자의 포지션에 특화된 최고의 선수들로 구성되기 때문이다.

대학 그리고 대학교수들도 당연히 그래야 할 것 같은데, 대학의 경쟁력과 연구 수준이 충분히 올라온 오늘날 교수들에게 학부 강의와 대학원 연구를 모두 잘하기를 바라는 것이 바람직할까 하는 것이다. 즉, 학부 강의와 대학원 연구를 모두 잘하는 교수들의 경우에도 둘 중 한 곳에 집중할 수 있도록 제도적으로 뒷받침을 해줄 수 있다면 더 높은 경쟁력과 좋은 성과를 낼 수 있을 것 같다.

참고로, KAIST의 경우 한 학기에 학부와 대학원 관계없이 한 과목만을 강의하도록 하여 연구에 더욱 집중할 수 있도록 하고 있다. 결론적으로 연구 중심 대학의 경우 학부 강의 부담은 줄어야 하며 그를 위해서 학부 정원을 최소화하고 더 나아가 학부를 없애는 방법도 조심스럽게 고려해보면 어떨까 싶다.

서울대와 KAIST와 같이 국가로부터 전략적인 지원을 받고 있는 최상위권의 대학들이 일반 대학들과 경쟁하며 대학 입시에서 높은 내신 등급과 수능 점수를 자랑하는 것은 올림픽 선수촌에서 충분한 지원과 체계적인 훈련을 받은 국가 대표 선수가 전국 체전에서 딴 금메달을 자랑하는 것과 같다.

이제 연구 중심 대학들은 대학 입시와 학부 교육으로부터 보다 자유로워져야 하며 탁월한 연구 성과를 바탕으로 세계 최고의 명문 대학들과 더욱 치열하게 경쟁하여 세계 최고의 과학기술들을 선도해야한다. 그리고 그러한 과학기술을 기반으로 첨단 산업을 육성하는 것이 우리나라를 더욱 잘 살고 부강하게 만드는 최선의 길이라는 것은 명확한 사실이다.

혼합형 대학의 경우는 교육 중심 대학과 연구 중심 대학의 중간인 경우로, 현재의 유명 사립 대학들과 비슷한 상황이 될 것 같다. 사립 대학은 설립 취지에 따라 당연히 독자성이 유지되어야 하며 발전 방안에 따라 교육과 연구의 비중이 조절될 수 있도록 하고, 대학 재단과 동문의 지원과 영향 그리고 그간의 전통을 바탕으로 새로운 대학 제도 틀 안에서 더욱 다양하게 발전되어야 한다는 생각이다. 예를 들어 특정 분야는 연구 중심으로 하고 나머지 분야들은 교육 중심으로 발전시킬 수도 있고, 교육 중심 대학과 전문 대학원(의대, 법대, 약대 등) 융합 체제로 발전할 수도 있을 것이다.

필자가 혼합형 대학을 고려할 때 가장 많이 고민하는 그룹은 '지방 거점 국립 대학'* 들이다. 지방 거점 국립대는 지난 20~30년 동안 인 서울 바람으로 인해 가장 피해를 입은 대학들인데, 역설적으로 새로운 대학 제도에서 가장 중요한 역할을 해야 하는 대학 군이다. 혼합형 대학과 교육 중심 대학 어느 쪽에서도 핵심적인 역할을 할 수 있고 정부와 지자체의 방침에 가장 빠르게 반응하고 부응할 수 있는 대학들이기 때문이다. 참고로, 지방 거점 국립 대학들은 강원, 경북, 경상, 부산, 전남, 전북, 제주, 충남, 충북 대학교(가나다 순) 등이 있는데, 필자는 앞으로 9개의 지방 거점 국립 대학을 '거점국립대'라고 칭하고자 한다.

지방 자치와 거점국립대

"말은 제주도로 보내고 사람은 한양으로 보내라"는 옛말이 있다. 망아지는 말의 고장인 제주도에서 길러야 하고 사람은 어릴 적부터 한양으로 보내 공부를 시켜야 잘 될 수 있다는 뜻이다. 교육과 환경 혹은 지역과 관련되어 '맹모삼천지교'는 많이 회자되는 고사성어인데 맹자의 어머니가 맹자의 교육을 위해서 세 번 이사했다는 내용이다.

---

* 거점 국립 대학교 총장 협의회에 가입된 전국 10개의 국립 대학에서 서울대를 뺀 경우를 일컫는다. 다른 지방 국립 대학들에 비해 역사가 길고 지역 내 인지도가 상대적으로 높다.

산업화 이전 농경 시대에는 대부분의 사람들이 농업에 종사했고, 상대적으로 소수의 도시 거주민들은 대부분 전문직 혹은 행정과 관련된 일에 종사하여 도시 거주민들의 교육 수준은 생활 수준과 함께 상대적으로 높았을 것으로 추측된다. 당연히 임금님이 거주하는 한양은 두말할 필요가 없는데, 그로 인해 자식들을 도시와 한양으로 보내 더 높은 수준의 교육을 받아 과거에 급제하고 입신양명의 꿈을 달성하게 하는 것이 그 당시 모든 부모님들이 꾸는 꿈이 아니었을까 싶다.

근대 교육의 시작과 함께 자연스레 지방 주요 도시에 해당 지역의 인재들을 위한 교육 기관들이 설립되고 지방 명문 고등학교와 대학들이 자리잡게 되었다. 하지만, 1974년부터 시작된 고교 평준화 제도로 인해 지역 명문 고등학교들이 하나 둘 사라지면서 거점국립대들을 중심으로 지역 인재들을 위한 교육 환경이 정립되어 왔는데, 오늘날 거점국립대마저 흔들리면서 지방의 교육 시스템은 바람 앞의 등잔 신세에 놓여 있다.

9개의 거점국립대들의 경우 지난 10년 사이에 신입생 자퇴율이 3배 이상 높아졌다고 하는데, 거점국립대의 신입생 자퇴율이 높은 이유는 서울 소재 대학들과 합격선이 비슷해 거점국립대학을 포기하고 서울로 가기 때문이라고 한다.[*]

•　　《매일경제》, '거점국립대 9곳 작년 신입생 2400명 자퇴…', 2021년 4월 6일

2019~2020학년도 거점국립대 신입생 자퇴 현황

※ 학년도별 신입생 중 입학 1년 내 자퇴 사례만 집계(단위=명)

구분	2019년	2020년	증감
충북대	207	270	30.4%
충남대	206	258	25.2%
전남대	229	285	24.5%
전북대	229	278	21.4%
제주대	103	116	12.6%
부산대	312	345	10.6%
경상국립대	200	205	2.5%
경북대	405	401	-1.0%
강원대	293	245	-16.4%
합계	2.184	2.403	10.0%

자료: 각 대학

    대학 입시에 있어 더욱 거세진 인서울 바람에 대한 원인 분석에 다소의 차이는 있겠지만, 무엇보다 문화(혹은 오락) 환경과 인프라가 몰려 있는 서울이 고등학교를 졸업하고 해방감을 느끼고자 하는 젊은 학생들에게 매력적일 수 있다. 또한 수도권에 양질의 일자리가 몰려 있어 졸업 후 취업에 유리할 수 있으며, 정부의 블라인드 채용 제도로 인해 상대적으로 줄어든 지역 할당제, 혹은 언제부터인가 형성된 인서울 대학과 지방대에 대한 막연한 사회 인식 등이 거론되는 것 같다.

    필자는 위에서 언급한 대부분의 이유들이 차별화된 대학 제도의 개선을 통해서 충분히 해소될 수 있고 해소되어야 한다는 입장이다.

첫째, 대학의 차별화 정책으로 인해 열심히 공부하는 대학 제도가 정착할 때 문화(혹은 오락) 환경과 인프라의 근접성은 오히려 면학 분위기를 해칠 수 있게 되어 단점으로 바뀌게 된다. 참고로, 외국의 경우 유명 대학들이 많은 경우 대도시에서 멀찍이 떨어진 소도시에 위치하면서 넓은 캠퍼스에서 학업에 매진할 수 있는 환경을 제공하고 있다는 사실은 참고할 만하다.

둘째, 서열화의 굴레에서 벗어난 대학들이 다양성을 가지고 충실한 대학 교육 프로그램을 제공할 경우, 기업들은 전공 교육의 충실도와 다양한 커리큘럼 등을 바탕으로 학생들을 선발하게 되고 지자체가 중점 산업 특성에 따른 맞춤형 교육을 전략적으로 지원한다면 더욱 효과적일 수 있다.

'지역 균형 발전'이라는 국가적 어젠다 달성을 위해 지방의 교육 생태계 확립과 그를 통한 지역 산업 발전이라는 거시적 관점에서 거점 국립대를 향한 정부와 지자체의 전략적 접근과 지원은 매우 중요하다.

필자가 상상하는 거점국립대의 발전 방향은 다음과 같다.

거점국립대의 발전 방안

1. 거점국립대학이 최고의 교육 중심 대학이 되는 것이다. 정부와 지자체의 전폭적인 지원을 바탕으로 새로운 대학 입시 상황 속에서 고등학교 졸업생들이 가장 가고 싶어하는 대학으로 만드는 것이다. 향후 거점국립대 학부와 서울대(혹은 연구 중심 대학) 대학원 간의 연계 진학 프로그램을 통해 더 많은 졸업생들을 서울대(혹은 연구 중심 대학) 대학원에 합격시키기 위한 지자체 간의 경쟁도 기대된다.

2. 거점국립대학이 이상적인 혼합형 대학이 되는 것이다. 교육과 연구가 이상적으로 어우러져 지역의 교육 중심 대학 졸업생들이 가장 접근하기 쉬운 대학원 과정을 제공하고, 지역 기업들과의 연계를 통해서 제품 개선과 성능 고도화 혹은 신제품 개발 등 현장 중심의 연구 개발을 주도하고 필요한 맞춤형 연구 개발 인력을 제공하는 것이다.

3. 특정 분야에서는 연구 중심 대학 이상의 연구 역량을 확보하는 것도 가능할 것 같은데, 지역 특성상 관련 산업군이 집중되어 있거나 지자체의 전략적 지원 등이 이루어지는 경우 등이 될 수 있다. 거점국립대 석사와 서울대(혹은 연구 중심 대학) 박사의 석박사 통합 프로그램을 통해 연구의 연속성과 연구 인프라의 효율적 이용도 가능할 수 있다.

4. 각 지역의 우수학생들은 물론 수도권 거주 학생들을 대상으로 저렴한 등록금, 우수한 교육 인프라, 각 지자체 별로 차별화된 교과 과정 등이 제공될 수 있도록 한다.

5. 해당 지역 내의 의대와 법대 등의 전문 대학원 진학 연계 프로그램
   등은 거점국립대들이 더욱 빠르게 지역 내 최고의 교육 중심 대학으
   로 자리를 잡아가는 데 큰 힘이 될 것이라 기대한다.

거점국립대들이 최고의 교육 중심 대학이 될 경우 지자체 중심의
교육 인프라 설계와 운용이 보다 원활해져 그를 바탕으로 한 지역 산
업 발전과 인구 유입의 선순환이 가능할 것이라 기대한다.

오늘날 세계적인 기술 혁신의 상징으로 유명한 실리콘밸리는 2차
대전 직후만 하더라도 과수원과 채소밭이었다고 한다. 그리고 당시에
는 미국의 대기업들과 좋은 일자리는 모두 동부에 몰려 있어 서부 캘
리포니아의 젊은이들은 대학을 졸업하면 대부분 직장을 찾아 동부로
갔다.

어느 날 멀리 동부로 일자리를 찾아 떠나는 학생들을 바라본 스탠
퍼드 대학의 터만 교수*는 학생들에게 동부로 가서 취업을 하는 대신
서부에 남아 창업을 하도록 권유했고, 스탠퍼드 대학은 학교 부지에
산업단지를 조성에 졸업생들의 창업을 돕기 시작했다. 참고로, 터만
교수의 도움을 받아 처음 세워진 회사가 스탠퍼드 기계공학과 동기생

---

*   KAIST 설립에 기여한 Frederick Terman 교수

홀렛과 패커드, 그리고 터만 교수

출처: https://www.hewlettpackardhistory.com/item/the-father-of-silicon-valley

인 휼렛과 패커드가 차고에서 창업한 HP, 휼렛 패커드이다.

오늘날 실리콘밸리에 등록된 기업의 수는 4만 개 정도이고 스탠퍼드 대학 졸업생들이 창업한 기업들의 경제 규모가 프랑스의 그것과 맞먹는다고 하니, 한 사람의 작은 생각과 지식 창출의 근원지인 대학의 전략적 판단과 투자가 혁신을 주도할 때 지역 사회를 얼마나 크게 변화시킬 수 있는지 보여주는 대표적인 사례라 할 것이다.*

---

* 《경향신문》, 2012년 10월 25일, '스탠퍼드 대학 출신 창업기업 연 매출총액 3,000조 원 육박'

춤과 노래로 전세계의 젊은이들을 열광시킨 'BTS'는 10여 년 전 7명의 10대 청소년들로 시작되었고, 2022년 비영어권 드라마로 에미상을 최초로 수상한《오징어 게임》은 감독 자신이 경제적으로 힘들었던 시절 우연히 본 만화로부터 줄거리가 시작되었다고 한다. 오늘날 인구절벽과 거센 인서울 바람 속에서 붕괴의 위기에 놓여있는 지방의 대학 교육 생태계가 대학 차별화라는 발상의 전환과 지자체의 전략적 투자를 통해 우리나라를 살리는 새로운 가치 창출의 동력원으로 거듭날 수 있기를 기대한다.

지방 자치와 지잡대

우리 사회에 '지잡대'라는 말이 있다. '지방 소재의 잡다한 대학'이라는 뜻으로 일반적으로 지방 소재 대학(지방 대학)들을 폄하할 때 사용되는 단어이다. 2000년대 중반 무렵부터 인터넷에서 사용되기 시작했다고 하는데, 일반적으로 지방 대학들 가운데 역사가 짧거나 재단이 부실하여 입시 경쟁력이 낮고 대학 교육이 충실히 이루어지지 못하는 곳을 일컫는다.

1990년대 경제가 더욱 발전하면서 대졸 인력의 수요가 급증하고 대학 진학에 대한 사회적 열망이 높아지자, 1996년 정부는 대학의 양적 확대를 위한 조치를 취하게 되는데 그것이 '대학설립준칙주의'이다.

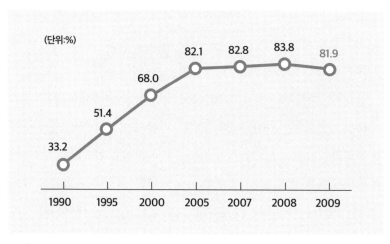

(단위:%)

82.1　82.8　83.8

81.9

68.0

51.4

33.2

1990　1995　2000　2005　2007　2008　2009

1990~2010년 대학 진학률 추이

출처: 통계청, 2011

　　대학설립준칙주의는 대학 운영에 필요한 건물, 캠퍼스 부지, 교원, 그리고 기본 재산만 있으면 누구든지 지방에 대학을 설립할 수 있는 제도이다. 새로운 정책에 따라 1997년 20개, 1998년 7개 등 모두 63개의 대학이 설립되어 오늘날 종합 대학의 약 20퍼센트가 대학설립준칙주의 제도에 따라 설립된 대학들이라 한다.(참고로 대학설립준칙주의 제도는 2013년 폐지되었고 대학 설립은 허가제로 바뀌었다.)

　　지방에 신생 대학들이 급격하게 늘어나는 당시 상황을 유추해볼 때 충분한 준비, 올바른 육영 의지와 교육 철학, 그리고 장기 비전과 전략 없이 설립되었을 것이란 추측은 어쩌면 당연하다. 일부의 경우,

초기부터 학위 장사 등의 건전하지 못한 목적으로 설립되어 우리 사회의 고질적 병폐 가운데 하나인 사학 비리와 부실 사학의 정점을 찍은 것은 아닌가 추측된다.

대학설립준칙주의 시행 후 10년이 지난 2000년대 중반부터 우리 사회에 지잡대라는 단어가 생겨났다는 사실에 비추어 단어 생성의 배경에 대학설립준칙주의가 일조했을 것이란 의심도 가능하다.* 역설적으로 수도권은 과밀 인구 방지를 이유로 대학 설립이 제한되어 있어 이러한 폐해에 휩쓸리지 않았는데, 그로 인해 수도권 대학들의 상대적인 건전성과 비교되면서 지방 대학들이 한 묶음으로 평가 절하되는 사회적 인식이 시작된 것 같다.

우리 속담에 "소 잃고 외양간 고친다"라는 말이 있다. 일이 잘못된 후에는 후회해도 소용없다는 이야기이지만 소를 잃은 후에도 외양간은 반드시 고쳐야 한다. 그래야 다시 소를 키울 수 있고 또다시 소를 잃어버리는 우를 범하지 않고 더 많은 소들을 키울 수 있기 때문이다.

인구절벽, 팬데믹, 대학 구조 조정 앞에 놓여 있는 지방 대학들의 위기 속에서 필자는 교육 중심 대학의 더 큰 가능성을 논하고자 한다. '잡다한 대학'들이 '다양한 대학'으로 발전할 수 있는 가능성이다.

학교의 기능과 목적이 교육을 통해서 학생의 능력과 경쟁력을 향상시키는 것이라면 상위 1퍼센트의 학생을 뽑아 1퍼센트 혹은 2퍼센

• 《아주경제》, '1996년 대학설립준칙주의가 부실 사학 키웠다', 2019년 10월 14일

트의 인재로 배출하는 대학은 좋은 대학이 아니다. 더구나 상위 1퍼센트 학생을 뽑아 3퍼센트 혹은 5퍼센트의 인재로 배출한다면 그 대학은 오히려 나쁜 대학일 수 있는데, 글로벌 경쟁 시대에서 우리 사회의 상위권 명문 대학들이 오히려 그런 잘못을 범하고 있지는 않은지 한 번쯤 돌이켜봤으면 한다.

그런 관점에서 오늘날 위기에 놓여있는 지방 대학들의 옥석이 가려지고 혁신되어 상위 60퍼센트의 학생들을 선발해 20퍼센트 혹은 10퍼센트 더 나아가 1퍼센트의 우수한 글로벌 인재로 만드는 좋은 대학으로 발전할 수 있다면 얼마나 좋을까 상상하며 지방 대학을 위한 구상을 해본다.

고등학교를 마치고 대학에 들어오는 학생은 종목을 바꾸는 운동선수와 같다. 이 경우 축구에서 야구와 같은 유사한 구기 종목으로 바꾸는 경우도 있지만 축구를 하다가 미술로 전공을 통째로 바꾸는 것과 같은 경우도 발생한다. 즉 고등학교에서 대학교로 진학할 때 공부하는 내용이나 성적의 상관관계는 있을 수도 있지만 전혀 없을 수도 있다는 이야기이다.

좀 더 풀어서 이야기하면 축구에서 야구로 종목을 바꾸는 경우에는 타고난 운동 신경과 체력, 공에 대한 감각, 혹은 훈련에 임하는 자세 등이 이어져 종목이 바뀌었음에도 성과와 우수성에 어느 정도 상관관계가 있을 수 있지만, 축구에서 미술로 전공을 바꾸는 경우에는 필요한 재능이 전혀 다르고 축구를 했을 때의 경험과 노력들이 새롭게 시작하는 미술에 전혀 도움이 되지 않는다는 논지이다.

한편, 미술을 좋아하고 재능이 있는 학생은 축구만 가르치는 고등학교에서는 학교 생활이 재미없고 흥미를 느끼지 못하며 항상 자신감 없이 주눅이 들어 살아갈 수밖에 없다. 하지만, 힘들게 고등학교를 마치고 미술 대학에 들어가 본격적으로 미술 공부를 시작하게 되면 미운 오리 새끼가 한순간에 백조가 되듯이 자신의 천부적 재능을 마음껏 발휘하고 흥미를 느끼며 자신감과 열정을 가지고 미술가로서 자신의 꿈을 향해 매진할 수 있게 된다.

2022년 노벨상보다 더 어렵다는 필즈상*을 수상한 프린스턴 수학과 허준이 교수를 만난 자리에서 필자가 허준이 교수에게 물었다. "인생의 어떤 계기로 필즈상 수상자가 된 것 같으냐?" 필자의 질문에 허준이 교수는 자신도 잘 모르겠다며 오히려 타인의 관점에서 보다 더 객관적으로 볼 수 있지 않겠느냐며 필자의 생각을 물어보았다.

허준이 교수의 되물음에 필자는 다음과 같이 답변했다. "고등학교 자퇴, 시인의 꿈, 대학교 때의 휴학, 등등 방황했던 그래서 다른 것들을 많이 생각할 수밖에 없었던 시간들이 도움이 되지 않았겠느냐." 함께 자리를 같이 했던 수학과 교수는 "수학을 늦게 시작한 것이 오히려 필즈상 수상에 도움을 준 것 같다"는 의견과 함께 다른 필즈상 수상자

---

* 4년마다 수여하는 수학계의 가장 권위 있는 상으로 수학계의 노벨상이라고 불린다. 40세 미만만 수상이 가능해 젊은 나이에 일찌감치 천재성과 함께 큰 업적을 이루어야 한다.

필즈상 수상자 허준이 교수

들이 수학의 특정 분야에서 업적을 낸 것과 달리 허준이 교수는 수학의 여러 분야를 어우르며 전혀 다른 방법으로 문제의 해결책을 찾는다고 덧붙였다.

지방 대학에 입학하는 학생들은 대부분 중고등학교 시절이 상대적으로 성공적이지 못했던 학생들일 수 있다. 중고등학교 시절 방황했던 혹은 수포자(?)에서 오늘날 필즈상 수상자로 탈바꿈한 허준이 교수를 바라보면서, 우리 사회의 잘못된 교육 제도로 인해 많은 또 다른 허준이 학생들이 중고등학교 시절 공부에 대한 흥미와 자신감을 잃고 자신의 숨겨진 재능을 제대로 펼쳐보지도 못한 채 사회에서 기죽어 살아가고 있는 것은 아닌지 안타까운 마음과 함께 국가 경쟁력의 크나큰 손실을 걱정한다.

필자는 오늘날의 지방 대학들이 혁신되어 새로운 다양한 전공과 프로그램을 제공하고 그를 통해 고등학교 시절 150등이었던 학생들을 10등 그리고 1등 하는 글로벌 인재로 육성하는 좋은 대학, 최고의 교육 중심 대학으로 거듭나기를 바라는 마음이다. 중고등학교 시절 학교에 배우는 내용들이 인생을 살아가는 데 큰 쓸모가 없는 우리 교육 현실을 감안할 때 역설적으로 지방 대학에서 오히려 인생에 쓸모가 많고 글로벌 경쟁력이 있는 전공과 프로그램들을 더욱 많이 제공할 수 있을 것이란 기대도 있다.

구조 조정과 폐교의 위기에 있는 지방 대학들이 위기를 기회로 삼아 혁신할 수 있도록, 그를 통해 충분한 '다양성'과 '자율성'을 확보할 수 있도록 지자체의 전략과 지원들이 지방 자치 시대에 경쟁적으로 일어날 수 있기를 바란다.

의과 대학

직업에 귀천이 있을 수는 없지만 그래도 필자에게 "좋은 직업이 무엇이냐?"고 묻는다면 "성직, 교직 그리고 의료직"이라 답할 것 같다.

타인에게 직접적으로 도움을 줄 수 있고 한평생 그 일을 기쁜 마음으로 할 수 있다면 좋은 직업일 것 같은데 의사는 아픈 사람들에게 자신의 지식과 경험으로 직접적인 해결책을 줄 수 있기 때문이다. 하지만, 대학 입시 면접에서 "왜 의대에 지원했느냐?"는 질문에 "돈을 많이 벌기 위해 의사가 되고 싶다"는 답변을 듣는다면 필자는 매우 안타까울 것 같은데, 그 학생은 결코 좋은 의사가 될 수 없고 그 학생에게 의사는 좋은 직업이 될 수 없을 것 같기 때문이다.

돈을 번다는 것이 직업의 중요한 목적 가운데 하나인 것만은 분명하지만 오로지 혹은 지나치게 큰 가치를 두는 경우 바람직하지 않은 경우가 많다. 성직자를 꿈꾸는 학생이 돈을 많이 벌기 위해 신학교에 간다고 한다면 우리는 마음이 불편해지는데, 그 학생은 필경 자신의 이익을 위해서 사람들의 마음을 미혹시키거나 사이비 종교의 교주가 될 것 같기 때문이다. 돈을 많이 벌기 위해서 사범대와 교대를 선택하는 경우 그 학생은 선생님이 되어서 학부모님들께 돈봉투를 요구할 것이고 사학 비리에 앞장설 것 같다.

마찬가지로 돈을 많이 벌기 위해 의대에 가는 경우 그 학생은 환자의 아픔을 자신의 돈벌이 수단으로 이용해 과잉 진료를 하고 때로는 불필요한 수술을 권하기도 할 것 같다. 정의로운 사회를 만들기 위해 법대에 진학한 학생이 사회에 나가 간혹 불의한 사람들의 대변인이 되어 사회 정의를 왜곡시키는 것도 직업 윤리를 떠나 돈만 많이 벌겠다고 선택한 결과일 수 있다. 만일 돈을 많이 벌기 위해서 사관학교 혹은 경찰대에 가겠다는 학생이 있다면 필자는 두려움을 느낄 것 같다.

필자가 의사 친구들을 부러워할 때는 아파서 병원에 갈 때와 진료 가방을 들고 봉사를 떠나는 뒷모습을 볼 때이다. 사명감이 강한 우수한 학생들이 의대에 많이 진학해 암을 정복하고 불치병을 고쳐 우리 모두가 더욱 건강하고 오래 살 수 있는 세상이 만들어졌으면 좋겠다. 그리고 의료 기술과 공학을 융합한 새로운 의료 산업들이 우리나라의 차세대 핵심 산업이 되고 미래 먹거리가 되었으면 더욱 좋겠다.

대학 입시에서 의대의 인기가 좋은 요즈음 필자가 교수로서 궁금해하는 것은 현 입시 상황을 의대 교수들도 충분히 만족해하고 있을까 하는 것이다. 우리 사회에서 가장 공부를 잘하고 성실하고 똑똑한 학생들이 입학하기 위해 줄을 서는 현 상황에서 어쩌면 속마음은 마냥 그렇지 않을 수 있기 때문이다.

20여 년 전 필자에게도 비슷한 상황이 있었는데 당시 필자의 연구 분야가 세계적으로 각광을 받아 필자 연구실에는 많은 학생들이 지원했었다. 그때 필자가 고민했던 사항은 필자의 연구 분야를 진짜로 좋아하고 재미있게 연구를 할 학생을 찾아내는 것이었다. 자칫 분위기에 휩싸여 거품 속 허상을 보고 지원하는 경우, 조금만 힘들어도 쉽게 포기하고 박사 후에도 연구와 일을 통해 재미와 보람을 느끼지 못할뿐 아니라 연구 성과도 떨어졌다.

필자의 추측으로는 비슷한 심정들이 의대 교수들 마음 속에도 다소 있을 것 같은데, 의사라는 직업을 사랑하고 사명감과 보람을 느끼며 의대 공부를 재미있어 하는 학생과 돈을 많이 벌기 위해서 혹은 평생 안정된 직업을 위해서 의대를 선택한 학생들의 의대 공부와 연구 그리고 진료에 임하는 자세가 크게 다를 것 같기 때문이다.

더구나 오늘날 우리 대학 입시에서는 수학을 잘하는 학생들이 의대에 진학할 확률이 높은데, 필자는 간혹 '훌륭한 의사 선생님이 되기 위해서 과연 수학이 중요할까?', 혹은 '수학 과목이 의대 합격을 결정짓는 잣대로 타당할까?' 하는 고민을 하곤 한다. 의학 분야에 문외한인 필자 생각으로는 막연히 수학과 물리보다는 생물 혹은 화학 과목을 잘하거나 좋아해야 할 것 같고, 나중에 몸과 마음이 힘든 환자들을 이해하는 공감 능력 혹은 그와 관련되어 인문학적 소양이 많으면 더욱 좋을 것 같다.

결국 고등학교 시절 수학과 과학에 재능이 있거나 열심히 공부해 우수한 성적을 내고 의대에 진학하는 학생들과 그런 학생들을 선발해야 하는 의대 교수 모두에게 현재의 의대 입시가 바람직할까 되묻고 싶은 심정이다.

그런 관점에서 필자는 의과 대학을 모두 전문 대학원 체제로 바꾸어 학부 때 의대 진학에 필요한 공부를 하게 하는 것은 어떨까 한다. 교육 중심 대학 혹은 혼합형 대학에서 생물, 화학, 혹은 공학 등을 공부하고 여름 방학 때는 봉사 활동도 많이 하면서 인문학적인 소양도 충분히 기른 후에, 한평생 의사로서 살아갈 확고한 각오와 사명감 그리고 실력을 갖춘 학생들을 대상으로 의학 대학원 입시가 이루어질 때 우리나라의 의료계가 더욱 발전할 것 같기 때문이다.

이 경우, 의대를 희망하는 중고등학교 학생들이 가장 선호하는 대학은 교육 중심 대학이 될 것 같다. 물론 연구 중심 대학 학부에서 더욱 치열하게 생물 혹은 화학 분야를 전공하고 연구 경험도 쌓으면서 의대를 준비하는 경우도 가능하겠지만, 교육 중심 대학에서 보다 폭넓게 공부하고 더 많은 것들을 경험하는 것이 바람직하게 선호되어 의대 입시에서 좋은 점수를 받을 수 있을 것 같기 때문이다.

의대 교수 입장에서도 학부 기간 동안 더 많이 고민하고 의사로서 필요한 소양들을 많이 접하고 그래서 실력은 물론 평생 의료인의 길을 걷겠다는 굳은 의지와 사명감 혹은 소명의식을 갖고 오는 학생들을 보다 쉽게 선발할 수 있게 된다.

물론 이 경우에도 연구 중심 대학의 대학원처럼, 동일한 대학의 학부 졸업생의 진학은 제한하여 학생들로 하여금 보다 다양한 경험과 환경을 접하게 하는 것은 필요하다. 또한 연구 중심 대학과 혼합형 대학 그리고 거점국립대에 속해 있는 의학 대학원들이 각각 임상의 배출은 물론 세계를 선도하는 새로운 의료 기술 연구와 의공학 융합 연구 개발 등의 목적으로 차별화 전략을 취할 수도 있을 것 같다.

혹자는 과거 실패로 돌아갔던 '의학전문대학원(의전원)' 사례를 언급하면서 의대의 대학원 체제 전환에 대해서 부정적인 견해를 피력할 수도 있겠지만, 필자는 대학 제도는 그대로 둔 채 의전원만 도입했던 과거와 달리 대학 제도 전반에 걸친 개선안의 큰 틀 속에서의 의전원

도입은 근본적인 차이가 있다는 생각이다. 더 나아가 무엇보다도 의과 대학의 발전과 올바른 의학 교육, 그리고 훌륭한 의료인 양성을 위한 가장 바람직한 방향에 대한 심도 있는 고민이 우선시 되어야 할 것 같다.

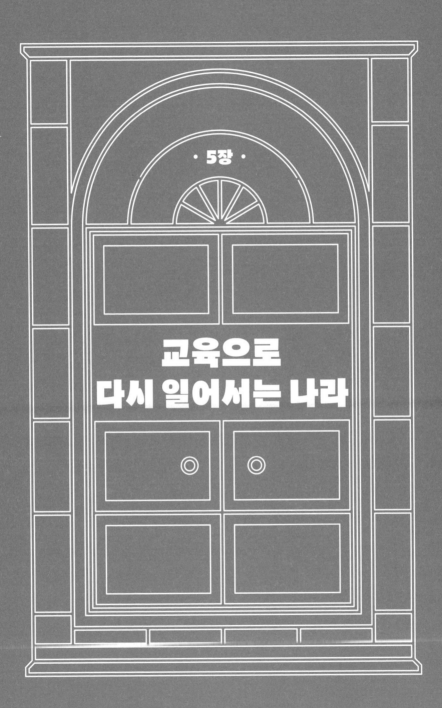

· 5장 ·

교육으로
다시 일어서는 나라

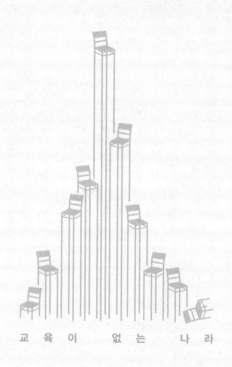

교육이 없는 나라

교육으로
다시 일어서는 나라

바르게 서는 중고등학교 교육 I

현재의 서열화된 대학들이 새로운 제도에서 점차 차별화되어 발전되고 그로 인해 대학 입시가 우리 사회에서 더 이상 인생을 결정짓는 시험이 아니게 될 때 우리의 중고등학교 교육은 어떻게 변하게 될까? 상상만으로도 기대와 설렘으로 마음이 들뜨지만 한편으로는 걱정이 앞선다. 지난 수십 년간 대학 입시라는 뚜렷한 목적을 가지고 문제풀이식 혹은 암기식으로 정착된 우리의 중고등학교 교육 그리고 그런 제도 속에서 열심히 가르치고 배웠던 선생님들과 학생들이 새로운 상황에 쉽게 적응하고 발전할 수 있을까 하는 우려 때문이다.

상대적으로 공부하는 시간과 양이 적어지고 밤늦게까지 학원에 다니거나 수많은 어려운 문제들을 더 이상 풀지 않는 학생들을 보면서 학업 능력이 떨어진다는 볼멘 목소리와 함께 비판 여론도 충분히 예상된다. 다만, 어느 정도의 혼란기를 거쳐 새로운 교육 내용들이 정착되면 '오랜 세월 우리 아이들이 쓸데없는 데 정말 많은 시간과 노력들을 낭비했었구나' 하는 사회적 공감대가 저절로 생길 것으로 기대된다.

새롭게 바로 서는 중고등학교 교육을 상상해보면 다음과 같다.

새롭게 바로 서는 중고등학교 교육 l

국어 – 제일 먼저 시도되었으면 하는 내용은 독서와 작문 그리고 토론 수업이다. 학년에 걸맞는 혹은 개인의 성장 속도에 맞는 책들을 읽고 독후감을 쓰게 하며 학교에서는 발표와 토론을 시키는 것이다. 학생들이 깊이 있는 고전 등을 읽고 장문의 독후감을 작성하면 선생님들은 새빨갛게 첨삭 지도하고, 학교에서는 각자가 이해한 내용과 생각들을 발표하고 선생님과 친구들과 함께 토론하며 논쟁하는 교육들이 시행된다. 이러한 교육을 통해서 학생들의 사고의 깊이는 물론 인생관과 가치관이 정립되고, 문장 이해력과 작문 실력, 발표력과 논리적인 표현 등이 자연스레 향상될 수 있다.

참고로, 유대인의 교육 방법 가운데 하나인 '하브루타'는 '함께, 우정, 혹은 동료'라는 뜻으로 짝을 지어 공부하는 스터디 그룹을 일컫는다. 서

유대인의 하브루타 교육

로 논쟁하면서 토론의 승자를 가리는 것이 아니고 함께 더 넓고 깊게 사고하는 방법을 배우는 과정이라고 한다. 우리 아이들이 국어 시간에 이러한 교육들을 받을 수 있다면 얼마나 좋을까 상상만으로 가슴이 뛴다.

현 교육 과정에서 진행되는 독서교육 가운데 학생들이 책을 읽고 독후감을 '독서교육종합지원시스템'*에 올리는 방법이 있는데, 올리는 건수에 집착할 수밖에 없는 상황 속에서 학생들은 책의 내용은 제대로 숙지하지 않은 채 인터넷에서 찾은 자료들을 짜깁기하기도 한다. 결국 독서교육을 빌미로 학생들에게 표절을 가르치고 있는 셈인데, 꿈과 고민

---

* 학생들의 독후 활동을 관리해 주는 사이트로 교육행정정보시스템NEIS과도 연결되어 있고 대학 입시에도 활용된다.

이 많은 청소년 시절 감명 깊게 읽은 한 권의 책 혹은 짧은 시 구절 하나가 학생들의 인생에 큰 영향을 줄 수 있다는 점을 생각해볼 때 작금의 독서 교육에 대한 안타까움이 크다.

지금까지 우리는 아이들에게 어쩌면 작가조차도 확실하게 생각하지 않았을 글의 주제 혹은 작가의 의도를 알아 맞추는 교육을 해왔다. 글을 읽고 자신이 느끼는 자신만의 생각을 이야기하기보다 작가의 의도를 찾아내는 반복적인 교육이 창의성과 도전 정신이 더욱 강조되는 새로운 세상에 바람직할까 하는 의구심을 떨칠 수 없다. 작가의 의도와 전혀 다른 심지어 작가조차도 미처 생각하지 못했던 황당한 접근과 엉뚱한 해석은 학생들에게 적극 권장되어야 하며, 그런 교육만이 우리 아이들이 앞으로 맞닥치게 될 퍼스트 무버의 시대에서 '퍼스트 싱커first thinker'로 나아갈 수 있게 한다.

영어와 제2외국어 – 말하기 듣기 교육을 중심으로 운영하고 학생들이 고등학교를 졸업할 때는 생활 영어 혹은 어느 정도 능숙하게 외국인과 대화할 수 있는 수준까지 올렸으면 하는 바람이다. 영어는 기본으로 하고 중국어, 일본어, 혹은 스페인어 등 제2외국어를 하나쯤은 필수로 하는 방안도 고려해볼 만하다.

비록 낮은 수준에서 시작하게 될 지라도 국어 시간과 비슷하게 영어 책을 읽고 영어로 독후감을 쓰게 하며 교실에서 더듬거리며 친구들과 영어로 토론하게 하는 교육은 어떨까 싶다. 몇십 년 후 우리 국민 대다수가 영어로 대화하는 데 큰 불편함을 느끼지 않게 되고 우리나라의 국제화와 글로벌 경쟁력이 크게 높아지는 상상만으로 벌써부터 뿌듯함과 흐뭇함이 차오른다.

수학 – 새로운 상황 속에서 수업과 공부 시간이 가장 많이 줄어드는 과목이 될 것 같은데, 새로운 개념에 대한 이해와 문제풀이는 반드시 필요하겠지만 난이도와 학습량은 현재보다 낮추는 방향으로 교과 내용이 설계되었으면 한다. 수학 과목의 문턱을 낮추어 보다 많은 학생들이 수학에 쉽게 접근하게 하고, 교육의 목표를 대부분의 학생들이 적정 수준 이상의 수학 지식을 습득하게 하는 데 두는 것은 어떨까. 문제들도 가능한 실제 적용의 예를 중심으로 만들어져 학생들이 수학이 실생활 혹은 직업 현장에서 쓸모가 많다는 것을 스스로 느끼게 하는 것도 좋을 것 같다.

혹자는 그로 인한 수학 능력의 저하를 우려할 수도 있으나, 필자는 오히려 불필요하게 어려운 문제들을 빨리 푸는 능력이 대학과 사회에서 필요할까 하는 의구심이 깊다. 인도에서는 학생들에게 구구단(9×9)을 너머 십구구단(19×19)을 외우게 한다고 하는데, 필자는 우스갯소리로 불필요하게 어려운 수학 문제를 풀게 하는 것보다 차라리 구십구구단(99×99)을 외우게 하는 것이 더 좋을 수 있다는 이야기를 하곤 한다. 구십구구단은 한평생 살아가면서 실생활에서 나름 몇 번은 써먹을 수 있기 때문이다.

다만, 수학에 재능이 있거나 향후 대학에서 수학 혹은 수학과 관련이 깊은 전공 분야를 희망하는 학생들은 방과 후 수업 혹은 교육 중심 대학에서 방학 중에 강의를 들을 수 있는 길을 열어놓는 것도 좋을 것 같다. 또 다른 방법으로는 연구 중심 대학 등과 같이 높은 학업 수준을 요하는 경우 해당 대학의 단과 대학 차원에서 1학년 때 추가 과목을 개설하는 방법도 가능하다.

바르게 서는 중고등학교 교육 II

새롭게 바로 서는 중고등학교 교육 II

체육 및 건강 – 학업 부담이 줄어들게 되면 자연스레 학생들의 체육 혹은 운동 경기에 대한 욕구가 크게 늘어날 것 같은데, 한창 자라나는 학생들이 건강과 체력에 더욱 신경 쓰고 많은 시간을 보낼 수 있도록 다양한 체육 및 운동 프로그램들과 시설들을 제공한다. 이에 필요한 국가 예산 혹은 사회 비용들은 청소년 시절 학교에서 배운 건강 교육과 체력 증진으로 인해 절감될 미래의 국가 의료비 부담으로 충분히 상쇄될 것이다. 계절별 스포츠, 특히 안전과 관련된 수영 과목을 필수로 하고 정신 건강을 위한 명상 수업 혹은 청소년 대상의 성교육 등도 강조되면 좋을 것 같다.

취미 활동 및 동아리 – 오늘날 우리 사회에서는 학생들이 대학에 입학하면 대부분 동아리에 들어가 본격적인 취미 활동을 시작한다. 현재의 교육 제도상에서는 너무도 당연한 모습이지만 과연 대학 시절이 인생에서 취미 활동과 동아리 활동을 시작하는 시기로 적절할까 하는 원론적인 질문에는 의구심이 든다. 감수성이 가장 풍부하고 이것저것 꿈이 많고 하고 싶은 것도 많은 중고등학교 시절이 더 적당하지 않을까 하는 생각 때문이다. 학업 부담이 줄어들면서 많은 학생들이 중고등학교 시절 다양한 취미 활동과 함께 친구들과 어울리는 동아리 활동을 할 수 있기를 바라며 학교와 사회에서도 적극적으로 지원하면 좋을 것 같다.

이 모든 새로운 교육 방법이 가능해지는 이유는 학교가 대학 입시만을 위한 주입식 교육과 성적 중심에서 벗어나 교육 본연의 모습으로 돌아올 수 있기 때문이다. 예를 들어 국어 시간에 책을 읽고 글을 쓰며 발표하고 토론하는 것이 중요하다는 것은 모두 알고 있지만, 성적을 매기고 순위를 결정하는 데 필요한 객관성은 매우 낮아 현 교육 제도에서는 실행이 불가능하다. 영어 시간에서도 단어의 스펠링과 문법에 대해서는 확실한 교육과 평가가 지금도 가능하지만 실제 외국인들과의 대화에서 중요한 발음에 대해서는 제대로 교육받지 못하는 것도 비슷한 예이다.

필자가 새로운 중고등학교 교육에서 기대하는 또 하나의 내용은 지역마다 혹은 지자체의 상황과 교육감의 철학에 따라 교육 내용과 방법에 다소 차이가 생길 수 있다는 점이다. 국제화를 강조하는 경우 영어 시간을 더욱 늘릴 수 있고 중국과 가까운 서쪽 지방은 중국어를, 일본과 가까운 남쪽 지방은 일본어를 제2외국어로 지정할 수 있다. 또한, 지역 산업 특성에 따라 석유화학단지가 밀집되어 있어 화학과 혹은 화학공학과가 많거나 강세인 지역에서는 화학 과목이 강조되고, 전자 산업이 발전되어 전자공학이 중요시되는 지역에서는 물리와 수학 과목을 강조하면 어떨까.

또한 고등학교 교육이 구태여 문과와 이과로 나누어지는 것에 필자는 다소 부정적이다. 자신의 꿈과 미래가 확실하게 정립되어 있지 않고 그렇기 때문에 앞날에 많은 변화가 예상되는 고등학교 시절에 일찌감치 진로를 나누는 것은 때 이르다는 생각 때문이다. 혹 수학과 과학 혹은 사회 과목들의 난이도 차이로 인해 불가피하게 문이과를 나누게 되는 상황이라면 해당 과목들의 난이도를 낮추는 방법이 보다 합리적이고 타당할 것 같다. 즉, 불필요하게 높은 난이도를 모든 고등 학생에게 강요하는 것은 고등학교 교육 목표에 비추어 볼 때 걸맞지 않다는 생각이다.

혹자는 필자의 의도를 일본의 유도리 교육*이나 하향 평준화 혹은 학습 분량을 낮추자는 방향으로 잘못 이해할 수도 있겠지만, 필자의 주장은 정반대로 학습량을 늘리고 더 많은 것들을 가르쳐야 한다는 것이다. 다만, 과거 시절 대학 입시만을 목적으로 잘못 설계된 교육 내용과 교육 방법 등을 혁신하고 아이들의 삶을 풍요롭게 만들고 앞으로 대학과 사회에 나가 필요한 내용들을 많이 그리고 올바르고 깊이 있게 가르치자는 것이다.

한편 교육이 대학 입시에서 벗어나 교육 그 자체에 집중하게 될 때 기대되는 이점 중 하나는 영재 교육과 수월성 교육이 보다 순수해진 목적으로 인해 올바르게 자리를 잡을 수 있다는 점이다.

이 경우 특수 교육 혹은 높은 수월성 교육이 진행되지만 이러한 교육을 통해 학생들이 얻을 수 있는 결과는 교육 그 자체, 즉 훌륭한

---

* 일본이 2002년 펼친 교육정책으로 생각하는 힘을 길러줘야 한다는 방침에 따라 개별 교과에 대한 수업 시간은 줄이고 종합 학습 시간은 늘렸으나 학력 저하를 이유로 2011년 폐지되었다.

수학자와 과학자가 되기 위한 과정일 뿐이다. 더 이상 의대 혹은 일류 대학 합격을 위한 수단이 아니게 되어 자연스레 영재고와 과학고에 대한 선호도는 떨어지겠지만, 오히려 그로 인해 영재고와 과학고의 교육이 더욱 충실하게 본연의 모습을 찾아갈 수 있게 된다. 먼 훗날 우리나라의 많은 노벨상과 필즈상 수상자들의 흉상과 동상들이 영재고와 과학고의 교정에 자랑스런 동문의 이름으로 세워지게 되는 그 날을 기대한다.

대학의 미래 I, 대학의 역할

대학_{university}은 라틴어 'universitas magistorum et scholarium'에서 유래했는데 '교사와 학자들의 공동체'를 의미한다고 한다. '교수가 되다'의 영어 표현 가운데 'become a faculty member' 혹은 'join faculty'라는 식으로 '교수진에 합류한다'고 표현하는 것을 볼 때 나름 개연성이 있어 보인다. 중세 십자군 원정으로 아랍 문화가 유럽에 전해지면서 새로운 지식에 대한 사회적 관심이 높아지고 교사와 학자 그리고 학생들의 공동체가 형성되면서 대학의 역사가 본격적으로 시작되었다.

최초의 대학이 어디인가에 대해서는 갑론을박이 있는데, 중국 주나라의 국학과 플라톤의 아카데미아를 시작으로 5세기 동로마의 콘

플라톤의 아카데미아

스탄티노폴리스 대학과 인도의 날란다 대학 그리고 9세기 모로코의 알 카라윈 대학 등이 손꼽힌다. 중세 유럽의 대학에서 가르치는 학문은 신학, 법학, 의학을 시작으로 나중에 철학이 추가되었고 철학은 과학 혁명을 거치면서 다시 물리학, 화학, 생물학 등으로 분화되었다. 오늘날 박사 학위를 의미하는 Ph.D.는 'Doctor of Philosophy'의 약어로 현대 학문의 근원이 철학임을 보여준다.

이렇게 여러 다른 문명권에서 일찌감치 대학이 세워지고 오랜 세월 동안 지속되고 발전되어온 것은 대학이 가지고 있는 기능과 역할이 중요하기 때문인데, 대학의 기능과 역할은 크게 지식의 '창출', '전달', 그리고 '보존'으로 요약된다.

인류의 오랜 역사에서 지식의 창출, 전달, 그리고 보존과 관련된 예를 하나씩 거론해보면 다음과 같다.

창출 – 기원 전 2000년 경 오늘날 중동 지역의 히타이트 부족은 바람을 이용해 청동기 제련에 사용되는 고로의 온도를 획기적으로 올릴 수 있는 방법을 알아냈다고 전해진다. 히타이트 부족은 그를 이용해 구리보다 용융점이 높은 철을 생산할 수 있었고 그렇게 만든 철제 무기로 주변 국가들을 정복하여 제국을 이룩했다.

창출과 전달 – 종이가 발명되기 전 그리스 인들은 파피루스 식물 줄기를 눌러 필기 용지로 사용했고 중국에서는 대나무를 엮은 죽간을 사용했다. 중국 후한 시대 채륜은 나무 껍질과 천 조각 등을 곱게 빻아 잿물에 거르는 방법으로 종이를 만들었는데, 전 세계로 펴져 나간 제지술이 인류 역사에 얼마나 큰 기여를 했는지는 설명이 필요 없다.

전달과 보존 – 서기 70년 로마에 의해 멸망한 유대인들이 전 세계로 흩어지는 민족 소멸의 위기에서 로마 황제에게 부탁한 한 가지 소원은 유대 경전을 공부할 수 있는 '학교'였다고 한다.[*] 오늘날 인류 사

---

[*] 랍비 요하난 벤 자카이는 예루살렘 함락 후 율법 학교 예시바를 세워 유대교 전통이 이어지게 했다.

회에서 유대인 혹은 유대 문명이 차지하고 있는 위상을 고려해볼 때 2000년 전에 살아남은 조그만 학교 하나를 통해 유대 문명이 보존되어 이어졌다는 사실이 경이롭기만 하다.

대학에서의 지식 창출은 '연구'를 통해서 이루어진다. 기업에서의 연구 결과는 기업 내의 노하우로 감추어지거나 특허로 철저히 보호받는 반면 대학에서의 연구 결과는 논문으로 외부에 공개됨을 원칙으로 한다. 우리나라 대학의 연구 역사는 선진국과 비교해 매우 짧다. 최초의 연구 중심 대학인 KAIST가 1971년 그리고 대학의 연구 지원을 위한 한국과학재단이 1977년에 설립되었다. 즉, 우리나라의 경우 대학에서 연구를 수행한 기간은 기껏해야 50년, 초창기 어수선했던 상황을 고려하면 본격적인 대학 연구의 역사는 길어야 30년 정도에 불과하다.

필자는 우리나라가 앞으로 노벨상을 많이 딸 것이라 주장하는데 그 이유는 오늘날 우리나라의 연구 수준 특히 젊은 교수들과 연구자들의 수준이 매우 높기 때문이다. 짧은 연구 역사를 고려할 때 비록 당분간은 쉽지 않을 것 같지만, 노벨상과 관련해 필자가 가지고 있는 걱정은 '과학 분야의 첫 노벨상 수상자가 KAIST 출신이 아니면 어떡하나' 하는 정도이다.

적은 국토 면적, 부족한 천연자원, 많지 않은 인구 상황을 고려할 때 연구, 특히 대학에서의 기초 연구의 수월성과 우수한 연구 인력의 배출은 국가 경제는 물론 국방 안보 등과 연결되어 그 중요성은 아무리 강조해도 지나침이 없다. 따라서, 퍼스트 무버의 시대 국가 차원에서 가장 강조되고 중점적으로 지원되어야 할 분야가 바로 대학의 기초 연구가 아닐까 한다. 이를 위해 연구 중심 대학의 확충과 내실화 그리고 대학원 진학률 증대를 위한 국가 차원의 노력이 필요하다.

참고로, 공학 계열의 대학원 진학률은 우리나라의 경우 KAIST와 포항공대가 50~60퍼센트대이고 서울대는 40퍼센트대 그리고 나머지 주요 대학들이 20~30퍼센트대에 머물고 있는데 반해, 일본의 주요 대학들의 경우 80~90퍼센트대에 있다는 사실은 국가의 미래 경쟁력과 관련해 우리 사회가 매우 유념해야 할 사항으로 여겨진다.[*]

일본 대학 공학부 대학원 진학률

순위	대학	구분	진학률	정원	진학자 수	ETC
1	도호쿠대학	공학	90.3%	810	731	종합대학
2	도쿄공업대학	공학	89.8%	970	871	기술연구소
3	오사카부립대학	공학	89.7%	456	409	종합대학
4	교토대학	공학	88.3%	950	839	종합대학
5	오사카대학	공학	87.4%	830	725	종합대학
6	큐슈대학	공학	86.7%	840	728	종합대학
7	홋카이도대학	공학	86.4%	670	579	종합대학
8	나고야대학	공학	85.3%	740	631	종합대학
9	오사카대학	기초 공학	84.7%	435	368	종합대학
10	나가오카 기술과학대학	공학	84.2%	469	395	기술연구소

출처: 일본 대학 수험 안내 2017

• 2017大学受験案内, https://www.kaisei-group.co.jp/nyushiblog/university/27637.html

연구와 달리 지식의 전달 혹은 보존 측면에서 대학의 역할은 지속적으로 줄어들 것이란 것이 필자의 견해이다. 과거 지식인의 숫자가 적고 지식이 책이나 문자를 통해서 더디게 전달되고 제한된 공간에서 보존되었던 시절 대학은 지식 전달과 보존의 독보적인 장소였다.

대학에는 해당 분야의 최고 전문가인 교수들이 있었고 도서관에는 전문 서적과 자료들이 쌓여 있었다. 학생들은 강의실에서 교수의 수업을 듣고 도서관에서 공부했고 교수는 학생들의 학업 성취도에 따라 학점을 주었다. 사회 혹은 취업 시장에서 대학 졸업장과 성적 증명서는 학생의 우수성을 판단하는 매우 중요한 잣대인데, 이는 소비자가 상품을 선택할 때 브랜드와 가격을 바탕으로 상품의 우수성을 판단하는 것과 유사하다.

하지만, 오늘날 세상의 많은 지식과 정보들은 디지털 플랫폼에 놓여 있고 누구나 시간과 공간의 제약 없이 실시간으로 전 세계에서 손쉽게 접근이 가능해졌다. MOOC와 팬데믹으로 온라인 강의가 강제적으로(?) 보편화된 상황에서 대학이 유일한 혹은 가장 효과적이고 권위있는 지식 전달의 장이라 주장하기는 이제 더 힘들게 되었다. 그리고 그 중요성은 더욱 낮아질 것 같다.

온라인 강의와 동영상이 보편화되는 상황에서 학생들은 강의실에 출석할 필요가 없고 담당 교수가 올려놓은 동영상 혹은 온라인 강의에만 매여 있을 필요도 없게 되었다. 교수들의 케케묵은 강의 노트 혹은 세련되지 못한 동영상보다 MOOC나 유튜브를 통해서 수준 높은 내용을 더욱 쉽고 생동감 있게 배울 수 있는 세상이 된 것이다.

이즈음 필자는 KAIST의 미래 경쟁자는 서울대나 MIT가 아니고 네이버와 구글이 될 수 있다는 이야기를 하곤 한다. 좋은 지식 콘텐츠와 디지털 플랫폼을 갖고 있는 네이버와 구글이 강의를 체계적으로 제공하고 평가한 후에 인증서를 발급할 경우, 언젠가 대학 졸업장과 성적 증명서의 권위와 가치를 능가할 수 있을 것 같다. 결론적으로 기존 방식의 지식 전달과 관련해 대학은 이미 한계점에 도달해 있다. 이러한 절체절명의 위기 속에서 대학들이 스스로 개혁하여 미래에 걸맞은 대학으로 거듭나야 한다.

대학의 미래 II, 미네르바 대학

대학의 지식 전달 기능을 책임질 교육 중심 대학이 나아갈 미래 방향은 어디일까? 무엇보다 강의실에서의 오프라인 강의는 인터넷 혹은 동영상 기반의 온라인 강의로 대체되거나 오프라인과 온라인이 혼합된 하이브리드hybrid 형태의 강의로 바뀔 것 같다.

참고로, KAIST는 오래전부터 '플립 러닝flipped learning(거꾸로 학습)'을 시행해왔는데 강의실에서 강의를 들은 학생들이 집에서 숙제를 하는 기존의 학습 방식과 달리, 학생들이 먼저 동영상 혹은 온라인으로 선행 학습을 한 후 강의실에서는 교수님께 질문하고 동료들과 토론

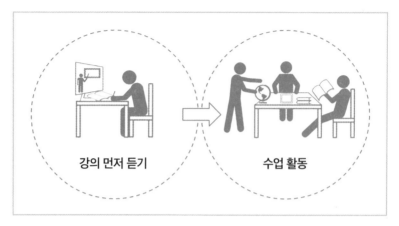

전통적인 교육을 뒤집는 플립 러닝

혹은 그룹 작업을 진행하는 '역진행 학습 방식'이다. 즉, 한 방향으로의 일방적인 지식 전달보다 주어진 지식과 정보를 바탕으로 창의적이고 비판적인 사고 능력을 함양시키는 쌍방향 교육인 셈이다.

앞으로 우리 아이들은 많은 지식을 머리 속에 집어넣은 사람보다 제공되어 있는 많은 지식과 정보들을 분석하고 새로운 것을 찾거나 만들어갈 수 있는 사람으로 교육되어야 한다. 이것이 패스트 팔로어에서 퍼스트 무버로 변화된 오늘날 그리고 미래 사회에 적합한 인재상이다. 그런 의미에서 미국 교육의 4대 주안점*이라는 Critical

---

* 4C's는 21st century skills의 하위 개념으로 2012년 미국 National Education Association은 교육자들이 21세기를 위해 학생들에게 4C를 어떻게 적용해야 하는지에 대한 지침을 발표했다.

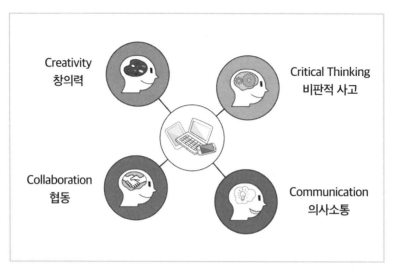

미국 교육의 주안점인 4C's

출처: https://sites.google.com/site/skillstohaveinthe21stcentury

Thinking(비판적 사고), Communication(소통), Collaboration(협업), Creativity(창의성)이 더욱 설득력 있게 다가온다.

즉, 과거에는 강의실에서 교수만이 알고 있는 요리법을 학생들에게 가르치고 암기하도록 하는 것이었다면, 오늘날에는 인터넷에 놓여있는 많은 요리법들을 분석하고 융합하여 자신만의 새로운 요리법을 만들고 직접 요리할 수 있도록 교육하는 방식이 필요하게 된 것이다.

혁신적인 교육으로 유명한 미네르바 대학의 교육 방식을 바탕으로 우리 교육 중심 대학의 미래를 상상한 필자의 생각은 다음과 같다. 미네르바 대학은 미국의 사립 대학으로 대학 모토는 'Nurturing Critical Wisdom for the Sake of the World'으로 '세계 인류를 위한 비판적 지혜를 가진 인재 육성'으로 번역될 것 같은데 다소 거창한 내용 속에서 '비판적 지혜'란 단어가 눈에 띈다.

미네르바 대학의 교육 핵심은 1. 온라인 토론식 수업, 2. 전 세계의 기숙사에서 한 학기씩 보냄, 3. 시험 대신 토론과 과제로 평가, 4. 기업과의 프로젝트 중심이다.

교육 중심 대학의 미래 교육 상상

1. 온라인 토론식 수업

학생들은 온라인 수업 전에 미리 수업 내용에 대해서 매우 충실하게 공부를 해야 하는데 그렇지 못할 경우 토론식 수업 시간 내내 입도 뻥긋 못하게 된다. 당일 수업 주제가 정해지면 학생들은 스스로 자료를 찾아 내용을 숙지하고, 수업 중 친구들에게 물어볼 문제를 만들고 예상 질문에 대한 답변도 준비해야 한다. 물론 이해가 되지 않는 내용이나 스스로 생각해 낸 새로운 접근 방법에 대해서는 교수에게 질문을 하고 함께 토론할 수도 있다.

자신의 생각을 논리적으로 설득력 있게 표현하고 친구들의 의견은 비판적으로 분석하고 대응하거나 열린 마음으로 함께 더 좋은 방안을 찾아가는 과정을 배울 수 있다. 온라인 수업으로 인해 수업 충실도와 강도에 비해 매우 경제적일 수 있는데, 참고로 미네르바 대학의 수업료 는 미국의 다른 대학들에 비해 저렴하다.

필자는 토론식 수업은 온라인보다는 강의실에 모여 얼굴을 맞대고 하는 오프라인 방식이 더욱 효과적이라고 생각한다. 미네르바 대학의 경우 넓은 미국 땅 혹은 전 세계 대상의 학생 모집으로 인해 부득불 불가피한 측면이 있으나, 우리의 교육 중심 대학에서는 강의실에서의 오프라인 토론식 수업을 통해 교육 효과를 극대화할 수 있다.

2. 전 세계 기숙사에서 한 학기씩 보냄

미네르바 대학의 경우 세계 7개 도시에 기숙사가 있고 학생들은 한 학기씩 도시를 옮기면서 새로운 학생들과 생활하며 다양한 경험을 쌓는다. 참고로 7개 도시는 서울(한국), 하이데라바드(인도), 베를린(독일), 부에노스아이레스(아르헨티나), 런던(영국), 타이페이(대만)이다. 오래전 필자가 읽었던 글 하나가 있다. "내가 만일 대학을 세운다면 가장 먼저 기숙사를 짓겠다." 출처는 기억에 없지만 저자의 의도는 충분히 이해된다. 대학 기숙사에서의 생활을 통해 학생들은 새로운 환경에서 친구들과 부딪히면서 사회성과 협업을 배우고 즐겁고 의미 있는 시간들을 보낼 수 있다.

더구나 세계 각국을 돌아다닌다면 그 경험의 폭은 더욱 커져 학생들의 인생에 큰 자산이 될 것 같다. 이러한 교육은 국내에서도 충분히 가능할 것 같은데 구태여 외국에 나갈 필요 없이 전국 팔도를 돌아다니면 서 기숙사 생활을 하는 방안이다. 온라인 중심의 새로운 교육 환경에서 는 국내 대학들이 함께 협력하여 기숙사를 공유하는 방법으로 쉽게 구 현이 가능할 것 같다.

3. 시험 대신 토론과 과제로 평가

모든 학생들의 공통된 꿈 가운데 하나는 시험이 없는 학교이다. 수업 시간에 배웠던 내용들을 한 번쯤은 정리하는 의미에서 다시 외우고 풀 어보고 이해하는 과정은 필요할 것 같지만, 대학에서조차 시험만으로 평가하는 것이 최선인가에 대해서는 부정적 입장이다. 많이 아는 것이 힘인 시대는 이미 과거가 되었으며 미래 인재는 주어진 문제를 빨리 푸 는 사람보다는 자료를 찾아 분석하고 새롭게 해석하고 적용할 수 있는 사람 더 나아가 스스로 문제를 만들어낼 수 있는 사람이다. 교과목 혹 은 교수의 강의 방법에 따라 시험, 토론, 과제를 적절하게 배분하는 방 법으로 학생의 성취도를 평가하는 방법이 바람직해 보인다.

4. 기업과의 프로젝트 중심

지역 내 기업들과의 프로젝트 수행은 학생들에게 기업 현장에서의 실질적인 문제를 경험하고 해결책을 찾아가는 과정을 배울 수 있게 하 고, 졸업 후에는 자연스레 해당 기업으로의 취업으로도 연결시키는 바 람직한 선순환 과정이 만들어질 수 있다. 기업 입장에서도 기업 내의 타성 혹은 기존 개념에 얽매이지 않는 새로운 시도를 할 수 있으며 학 부생들에게 연구 개발 경험을 제공할 수 있는 장점도 있다.

참고로, 미네르바 대학은 2012년 미국 샌프란시스코에 설립된 사립 대학이다. 대학 혁신의 아이콘으로 하버드 대학보다 입학이 더 어려운 것으로 유명하며, 2022년 WURI World's Universities with Real Impact에서 세계에서 가장 혁신적인 대학으로 선정된 바 있다.[*]

한편 프로젝트 중심 교육으로 유명한 올린 공대[**]는 2002년에 개교했는데, 학생 수는 300명에 불과하지만 세계에서 가장 혁신적인 공과 대학으로 꼽힌다. 기업가 정신과 인문 과목을 강조하고 1학년부터 소비자를 위한 제품 설계 수업을 듣고, 4학년 때는 4~5명이 팀을 이루어 기업을 위한 제품 개발에 직접 참여하여 팀워크와 소통 능력을 키운다고 한다. 기업과의 제품 개발 프로젝트의 장점 중 하나는 학생들로 하여금 공부해야 하는 이유를 명확하게 알게 하는 장점도 있다고 하는데, 올린 공대의 경우에도 기숙사 생활을 원칙으로 한다.

---

[*] 《조선에듀》, '2022 WURI랭킹, 종합 1위 '미네르바스쿨'…서울대는 16위', 2022년 6월 9일

[**] 1997년 프랭클린 W. 올린 재단에 의해 설립된 올린 공대는 규모는 작고 역사는 짧지만 프로젝트에 기반한 교과 과정으로 공학 교육의 혁신을 선도하고 있다. 전공 과목과 함께 기업가 정신, 소통 능력을 가르쳐 공학 분야의 혁신가를 양성한다.

대학의 미래 III, 인문학과 반도체

대학에서는 학생들이 취업난으로 몸살을 앓고 있는데 기업들은 막상 뽑을 사람이 없다고 아우성이다. 오늘날 대학은 취업이 잘 되는 전공을 중요시하고 졸업생들의 취업률에도 많은 신경을 쓰지만, 한편으로는 대학이 취업 교육에만 너무 몰입하는 것에 대해서 다른 시각을 갖기도 한다. 즉, 대학이 시장 논리에 과도하게 몰입할 경우 장기적 안목에서 대학이 갖고 있는 순수한 학문 추구, 장기적인 기초 연구, 전인적인 인력 양성이라는 궁극적인 목적에 저해가 될 수 있다는 지적이다.

우리 사회에 회자되는 단어 중에 '인구론(인문계 졸업생 90퍼센트가 논다)' 혹은 '문송(문과라 죄송합니다)'이라는 말이 있다. 인문학의 위기라 하여 일부 대학에서는 인문계 학과를 통폐합하기도 한다지만, 스티브 잡스는 애플이 항상 기술과 인문학의 교차로에 서 있었다며 다음과 같이 말했다. "Technology alone is not enough – it's technology married with liberal arts, married with the humanities, that yields us the result that makes our heart sing." 즉, "기술만으로는 부족하다. 기술이 인문학을 만났을 때 비로소 사람들을 감동시킨다"라는 의미이다.

우리 사회는 지난 세월 선진국의 제품을 보고 개선점을 찾아 성능을 높이거나 디자인을 바꾸고 가격을 낮추는 패스트 팔로어의 전략으

애플의 스티브 잡스

로 경제를 발전시켜 왔다. 하지만, 패스트 팔로어는 설사 더 나은 기술을 개발한다 해도 기존 시장에 뒤늦게 들어가는 바람에 경쟁이 치열하고 노력에 비해서 거두는 성과는 상대적으로 적을 수밖에 없다. 그래서 오늘날 우리 사회에는 글로벌 시장에서 퍼스트 무버가 되어야 한다는 주장이 힘을 얻고 있다.

퍼스트 무버는 기존에 존재하지 않는 제품이나 기술을 만들어 세상을 주도하는 선도자를 일컫는데 대표적인 사례가 애플의 스티브 잡스이다. 세상 사람들이 PC와 핸드폰을 하나로 묶은 스마트폰, 손가락으로 화면을 만지면서 조작하는 터치패널, 사용자 주도로 시장을 만들어가는 애플 앱 등을 보면서 열광했던 이유는 처음 본 제품임에도 쉽고 편리한 데다 미적으로 뛰어나고 유용했기 때문이다.

'인간의 삶과 욕구에 반하는 제품이 성공할 수 있을까?' '인간의 욕망, 혹은 편리함과 아름다움에 대한 깊은 고민 없이 새로운 제품 기획이 가능할까?' 공학 혹은 자연과학과 달리 인문학은 인간의 근원적 문제, 삶과 사상, 그리고 문화에 대해 탐구하는 학문인데, 인문학적 사고와 고민 없이 첨단 기술만을 앞세워 제품 개발을 한다면 과연 크게 성공할 수 있을까 의구심이 생긴다.

그런 관점에서 인문학이야말로 앞으로 다가오는 미래 사회에서 퍼스트 무버로 살아갈 우리 사회의 젊은 세대가 반드시 갖추어야 할 지식과 소양이 아닐까 싶다. 인문학적 사고를 바탕으로 필요성과 문제가 정의되고 그 해결 도구로서 첨단 기술이 뒷받침될 때, 즉 인문학과 기술이 교차될 때 진정한 퍼스트 무버의 세상이 열리게 된다.

또 다른 인문학적 접근 혹은 퍼스트 무버의 세상에는 기존 제품에 새롭게 의미를 부여하는 '스토리텔링storytelling'이 있다. 한 가지 예로 여행 중 신발 없이 맨발로 다니는 저개발국가의 어린이들이 어려움을 겪는 모습을 보고 창업을 한 '탐스 슈즈●'는 소비자가 신발 한 켤레를 사면 다른 한 켤레는 가난한 어린이들에게 기부하는 1+1 마케팅으로

● 탐스 슈즈는 미국 캘리포니아의 신발 업체로 회사의 슬로건은 '내일을 위한 신발'인데, 공익적 이슈를 기업 마케팅과 연관시키는 '착한 소비'의 대표적 사례로 알려져 있다.

크게 성공한 경우이다.

의류 업체인 '파타고니아'[*]는 환경 보호와 기후 변화에 많은 기여를 하고 있는데 이 회사의 광고 문구는 "이 옷을 사지 마세요Don't buy this jacket"이다. 2025년에 30조 원 규모로 커진다는 게임 산업의 핵심이 콘텐츠 즉 스토리텔링임은 두말할 나위가 없다.[**]

최근 반도체는 AI, 빅데이터, 디지털, 전기 자동차 등의 시대 흐름과 맞물려 그 중요성이 더욱 커지고 있어 정부와 기업들은 반도체 인력 양성에 고심하고 있다.[***] 정부의 인력 양성 계획 중에는 반도체 학과 신설과 정원 확대도 포함되어 있는데 그에 대해서 필자는 다소 조심스러운 입장이다.

급박하게 돌아가는 글로벌 상황과 다급한 시장의 요구는 결코 무시될 수 없으나 학과 신설 혹은 정원 확대는 자칫 별개의 문제가 될 수 있다. 신설 학과가 생겨 입시요강이 바뀌고 신입생을 뽑아 첫 졸업생을 배출하는 데 걸리는 시간은 최소 4~6년이 걸린다. 또한 신설 학과는 시설 인프라는 물론 교수, 직원, 학생의 공동체로 미래의 동문들까지 고려하면 최소 10년은 유지되어야 하고, 충실한 교육을 위한 우수한 교수진의 확보와 실험 기자재 등의 투자도 만만치 않다.

---

[*] 파타고니아의 창업주인 이본 쉬나드는 자신의 전 재산 4조3천억 원을 환경 단체에 기부한 것으로도 유명하다.
[**] 한국콘텐츠진흥원, '2022년 콘텐츠 산업 중장기 시장 전망 연구'
[***] 《경향신문》, '정부 반도체 인재 10년간 15만 명 양성', 2022년 7월 19일

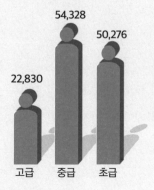

반도체 산업 향후 10년 후 인력 수요 증가　　(단위: 명)

54,328
50,276
22,830

고급　　중급　　초급

15만 명+α 반도체 인력 공급 계획

정원 확대
4만5,000명

· 반도체 관련학과 정원 약 5,700명 증원 시
2031년까지 총 졸업생 45만7,837명 ×
7.7%(취업률) × 매년 5.6% 증가(산업성장률)
적용해 추산

양성교육
10만5,000명

· 재정지원사업으로 수혜 받는 직업계고·
학·석·박사 재학생 및 재직자 규모를
추산하면 2031년까지 15만 명 양성
－반도체 관련학과 정원 확대분 4만5,000명은
반도체 관련 교육 이수 및 연구사업 참여
가능성이 높을 것으로 보고 총 규모에서 제거

출처: 교육부

　　그러는 동안 시장 상황이 어떻게 변하게 될지는 아무도 모르는 일
이다. 자칫 과거 급등하는 대학 진학 열망의 사회 분위기 속에서 추

진했던 대학설립준칙주의의 오류를 답습할 가능성도 있다. 대학 입장에서도 반도체 경기가 마냥 좋을 수 만은 없는 상황 속에서 쉽사리 30년 재직이 보장되는 교수 숫자를 무턱대고 늘리거나 학과를 신설하기에는 부담이 만만치 않다.

취업률과 급변하는 시장 상황 등의 현실 문제와 장기적 관점에서 궁극적인 대학의 역할 등을 종합적으로 고려해볼 때 대학의 모습은 보다 유연하고 다양해질 필요가 있을 것 같은데 이와 관련해 필자가 소개하고자 하는 프로그램이 IDEC이다.

IDEC은 'IC Design Education Center'의 약어로 '반도체설계 교육센터'를 일컫는다. 1995년에 정부와 반도체 기업들이 힘을 모아 국내 대학의 반도체 분야 교수들에 대한 연구 지원과 비메모리 반도체 설계 인력 양성을 목적으로 설립되었는데 본부는 KAIST에 있고 6개의 지역 대학(한양대, 전남대, 광운대, 충북대, 경북대, 부산대)에 분소가 있다. 지난 20여 년 동안 IDEC에서 개설된 반도체 설계 강좌는 4,900여 개가 넘고 수강생만 14만 명에 다다른다.

2022년 IDEC은 경기도 동탄에서 학부와 석사 과정의 반도체 설계 이론과 실습을 4개월(주 5일, 일 6시간) 동안 압축해 교육하는 프로그램을 시행했다.* 강사진은 전국의 반도체 전공 교수들과 기업 전문가들이었고 학생은 반도체 설계에 관심이 있는 대학 재학생과 졸업생

---

* 　《수원일보》, 'K-반도체 이끌 핵심인력 양성한다', 2022년 8월 4일

들이었다. 학생들의 출신 대학과 전공은 다양하고 본 프로그램을 위해 휴학을 한 학생들도 있다고 하는데, 앞으로 자동차와 바이오를 전공한 대학생들을 대상으로 '자동차 반도체', '바이오 반도체' 등의 특화 과정도 계획 중이라고 한다.

필자는 이러한 '집중 교육' 프로그램이 학과 신설 혹은 정원 확대 등의 대안으로 시장이 급하게 요구하는 그리고 취업에 특화된 새로운 형태의 대학 교육의 장이 될 수 있다고 본다. 즉, 다양한 전공의 대학 재학생과 졸업생, 직장인들을 대상으로 시장의 필요 혹은 국가의 전략적 목적을 위해 정부의 지원 아래 대학과 기업이 함께 힘을 모아 집중 교육시키는 방법이다. 만일 별도의 교육 인프라 시설에 기숙사까지 제공할 수 있다면 더욱더 내실 있는 교육이 가능할 것 같다.

필자가 10여 년 전 학생처장을 맡았을 때 KAIST를 종합 대학과 비교하면서 안타깝게 생각한 것 중 하나가 KAIST 학생들에게 보다 많은 인문 사회 과목들을 충분히 제공하지 못한다는 점이었다. 그로 인해 인문 사회 강의 확충은 물론 KAIST 학생들이 보다 다양한 경험 들을 할 수 있도록 국내외 봉사, 다양한 체육 및 문화 활동 프로그램 등을 제공하도록 노력했었다.

참고로, 최근 KAIST '인문 사회 대학'은 '디지털 인문 사회 대학'으로 탈바꿈하면서 공학 분야와의 융합 연구를 강화하고 있으며 AI 기반 인문 사회 분야를 새롭게 선도하고 있다. KAIST가 성악가 조수미 씨와 화가 김은중 신부를 초빙 석학 교수로 모시고, 한편으로는 미술

관 건립을 추진하고 있는 것도 비슷한 맥락의 시도들이라 할 수 있다.

장기적 관점에서의 고급 인력 양성이 대학의 궁극적인 목적인 바, 학생들이 대학에서 인문 교양과 전공 과정의 학문적인 기반을 탄탄하게 쌓은 후에, 시장에서 원하는 분야를 추가적으로 집중 교육을 받을 수 있다면 장기적 관점에서 학생 본인은 물론 국가 경쟁력에도 더 큰 도움이 될 수 있을 것 같다.

예를 들어, 대학에서부터 줄곧 AI 혹은 반도체만을 전공한 학생과 대학에서는 인문학을 전공한 후에 AI 집중 교육을 받은 학생 혹은 자동차를 전공한 후에 반도체 집중 교육을 받은 학생들의 경쟁력이 어느 쪽이 더 높을 지에 대해서는 의견이 충분히 갈릴 수 있다. 필자는 두 부류의 인재 모두 적재적소에서 자신의 기량을 마음껏 발휘할 것이라 믿지만, 괜스레 전자는 패스트 팔로어 후자는 퍼스트 무버의 세상에 더 어울릴 것 같다는 생각이 든다.

참고로, 정부의 반도체 인력 양성 계획 가운데 '반도체 아카데미'의 경우 비전공자 대상의 수준별 반도체 특화 교육으로 인력 배출을 하겠다는 내용이 있다.* 앞으로 'AI 아카데미', '메타버스 아카데미', '모빌리티 아카데미', '첨단 바이오 아카데미' 등 4차 산업혁명의 새로운 기술들에 대한 국가 차원에서의 발 빠른 전략적 대처가 있었으면 하

---

* 《연합뉴스》, '340조 투자해 반도체 초강대국' 달성… 반도체 아카데미 신설', 2022년 7월 21일

는 바람이다.

아카데미에 참여하는 대학들은 학생들에게 수료증 혹은 마이크로 학위를 줄 수도 있는데, 2022년 동탄 IDEC 프로그램 수료자 전원에게 KAIST는 마이크로 학위를 최초로 수여했다.

◆ 책을 마치며 ◆

　필자는 이 책에서 대학 입시만을 목적으로 설계된 우리나라 중고등학교 교육의 문제점과 그 원인으로 서열화된 대학 제도를 언급했고 그 해결 방안으로 대학의 차별화를 제안했다. '필자의 문제 진단과 해결 방안이 과연 타당하고 설득력이 있을까?' 자문하면서 다음 세 가지 사항들이 선행되면 어떨까 싶다.

　첫 번째는 우리 사회의 공감대 형성이다. 수십 년 동안 우리 사회에서 당연하게 여겨온 대학 제도와 대학 입시 그리고 그에 걸맞게 짜맞추어진 중고등학교 교육을 바꾸는 데는 많은 시행착오와 부작용들이 예상된다. 그리고 그 모든 난관들을 극복할 수 있는 힘은 잘못된 현행 교육 제도에 대한 문제의식과 해결 방안을 향한 강한 사회적 공감대에서 비롯될 수 있다. 따라서 국가 교육의 백년대계를 새롭게 세운다는 심정으로 다양한 여론 수렴과 소통을 위한 꾸준한 노력이 무엇보다 우선시되어야 한다.

두 번째는 정책 결정권자와 정부의 강한 의지 그리고 여야 정치권의 협력이다. 오늘날 우리의 교육 제도에 많은 문제점들이 있고 국가 경쟁력에 도움이 안 된다는 것은 우리 사회의 공통된 의견이지만, 구체적인 방법론 혹은 비용이나 국가 예산 측면에서는 다양한 의견들이 오갈 수 있고 당연히 그래야 한다. 하지만, 자칫 그 과정에서 백가쟁명식으로 흘러 정책 결정이 표류할 수 있고 새로운 교육 제도가 자리잡는 데 오랜 시간이 걸린다는 점들을 고려할 때, 뚜렷한 목표 의식과 일관성 있는 정책 그리고 적절한 국가 예산 배분 등은 당연히 정책 결정권자와 정부의 몫이다.

그리고 교육 제도의 개선은 결코 단기간에 마무리할 수 없고 꾸준히 보완해나가야 하는 정책이므로, 정권의 향방에 따라 좌지우지 되지 않도록 국민 공감대를 바탕으로 한 여야 정치권의 협력이 무엇보다 중요하다.

세 번째는 전문가 집단의 구체적인 방안 수립이다. 필자가 이 책을 통해서 감히 대학 차별화라는 화두를 꺼냈지만 구체적인 방안들에 대해서는 깊이 생각하지 못하고 그럴 능력도 없는 것 또한 사실이다. 모든 일의 성공 여부는 총론보다 오히려 구체적인 각론과 실행 방안들에 의해 좌우되는 바, 체계적이고 구체적인 방안 마련을 위한 민관 공동 위원회* 설립이 제도 개혁의 첫 실행 방안이 되었으면 한다.

민관 공동 위원회는 대학과 중고등학교 분과로 크게 구분되고, 대학 분과는 다시 연구 중심 대학, 혼합형 대학, 교육 중심 대학 소분과들로 나누고, 중고등학교 분과는 중학교와 고등학교 소분과로 나누면 어떨까 한다. 대학의 소분과들에서는 각 대학 그룹의 발전 전략이 수립되고 대학 분과에서 최종 조율 되며, 중고등학교 소분과에서는 각 과정에서의 교육 내용들을 새롭게 설계하는 역할을 하면 좋을 것 같다.

필자의 개인 경험과 좁은 식견을 바탕으로 답답한 마음에서 시작된 우리 교육에 대한 생각들이 20여 년의 교수 생활과 여러 보직들을 거치면서 구체화되었고, 강연과 칼럼을 쓸 기회들을 통해 다듬어지고 조금씩 밖으로 나오게 되었다. 4차 산업혁명 시대 쏟아지는 신기술들과 급격하게 변화하는 사회, 잘못된 교육 제도로 인해 전혀 행복하지 않고 억울한 우리의 아이들과 학부모들, 그리고 인구절벽 시대에 빠르게 무너지는 대학들. 우리 사회는 이제 교육 제도의 변화와 개혁을 더 이상 미룰 수 없는 시점에 도달했다. 이 책이 그 모든 변화와 개혁을 위한 작은 불쏘시개가 될 수 있기를 간절히 바라는 마음이다.

---

* 참고로, 2022년 7월 대통령 직속으로 설치된 국가교육위원회는 우리나라 교육 정책 관련 합의제 행정기관으로 교육 비전과 중장기 정책 방향을 소관 업무로 하고 있다. '국가교육위원회', ref. 국가교육위원회 홈페이지

교육이 없는 나라

초판 1쇄 발행 2023년 4월 25일
2쇄 발행 2023년 5월 30일

지은이 이승섭
펴낸이 오세인 | **펴낸곳** 세종서적(주)

주간 정소연 | **편집** 한진우, 이지은
표지 디자인 co*kkiri | **본문 디자인** 김미령
마케팅 임종호 | **경영지원** 홍성우
인쇄 천광인쇄 | **종이** 화인페이퍼

출판등록   1992년 3월 4일 제4-172호
주소   서울시 광진구 천호대로132길 15, 세종 SMS 빌딩 3층
전화   경영지원 (02)778-4179, 마케팅 (02)775-7011
팩스   (02)776-4013
홈페이지   www.sejongbooks.co.kr
네이버 포스트   post.naver.com/sejongbooks
페이스북   www.facebook.com/sejongbooks
원고모집   sejong.edit@gmail.com

ISBN 978-89-8407-889-5 (03300)